FALTPLAN

»Schreiben Sie uns!

Wir hoffen, dass Ihnen dieser Reiseführer gefällt und er Ihnen ein guter Begleiter auf einer außergewöhnlichen und spannenden Reise ist.

Weil ein Reiseführer von Erfahrungen lebt, sind wir an Ihren Erlebnissen interessiert: Haben Sie im Buch ein Restaurant entdeckt, das es nicht mehr gibt, eine Sehenswürdigkeit, die wir noch nicht aufgeführt haben, oder eine falsche Adresse? Dann schreiben Sie uns!

Wir nehmen jeden Hinweis und jede Kritik ernst und arbeiten kontinuierlich daran, die Bücher aktuell zu halten und immer weiter zu verbessern. Auch wenn wir nicht jeden Wunsch erfüllen können, machen wir uns immer Gedanken über Ihre Anmerkungen.

Schreiben Sie an: info@reise-know-how.de oder Reise Know-How Verlag Peter Rump GmbH, Postfach 140666, 33626 Bielefeld

Wenn sich Ihre Infos direkt auf das Buch beziehen, bitten wir um die Angabe der Seitenzahl und der Auflagennummer bzw. des Erscheinungsjahres. Besonders hilfreiche Beiträge belohnen wir mit einem Sprachführer Ihrer Wahl aus unserer „Kauderwelsch"-Reihe.

Herzlichen Dank und gute Reisen
Ihr Reise Know-How Verlag

Diesem Buch wurde hier ein herausnehmbarer Faltplan beigefügt.
Sollte er beim Erwerb des Buches nicht mehr vorhanden sein, fragen Sie bitte bei Ihrem Buchhändler nach.

Liebe Leserin, lieber Leser,

ein unabhängiger Verlag für unabhängig Reisende – das sind wir, der Reise Know-How Verlag aus Bielefeld, eines der letzten Familienunternehmen in der Branche. Obwohl wir zu den größten Reiseführerverlagen Deutschlands gehören, ist der familiäre Umgang miteinander in allen Bereichen des Verlagslebens zu spüren: In der Geschäftsführung in zweiter Generation, in einer wertschätzenden Arbeitsatmosphäre, in der Nähe zu unseren frei arbeitenden Autorinnen und Autoren, im engen Austausch mit unseren Leserinnen und Lesern – und auch in der Zusammenarbeit mit Druckereien in Deutschland, in denen wir ausschließlich und regional unsere Bücher produzieren. Die sollen schließlich erst mit Ihnen auf große Reise gehen.

Alles, was wir in unsere Bücher und Landkarten stecken, soll Ihnen eines ermöglichen: Auf Ihre ganz eigene, individuelle Weise die Welt zu entdecken. Wir wünschen Ihnen viel Freude und unvergessliche Erlebnisse mit diesem Reiseführer.

Es grüßen herzlich
Peter Rump & Wayan Rump

Phönix aus der Asche

Vom schmutzigen Gettokind zum kulturellen Powerhouse: Glasgow erfindet sich neu – wieder einmal. Industriegrau und Abschwung waren gestern, Kunst, Musik und Gastronomie sind heute die Motoren der alten jungen Stadt. Der Energieschub der letzten Jahre sucht seinesgleichen: Glasgow steht nie still.

Kein Wunder, gehört es doch seit jeher zur Mentalität der Glaswegians, die Ärmel hochzukrempeln. Das bezeugen der kühne Architekturmix aus viktorianischen, Jugendstil- und zeitgenössischen Bauten ebenso wie die in den letzten Jahren revitalisierten Clyde-Ufer, wo nach mehr als einem Jahrhundert auch wieder Whisky gebrannt wird (s. S. 50): Slàinte mhath („Prost!") auf Museen von Weltrang und heißes Shoppingpflaster, berühmte Theater und die beste Livemusikszene des Landes, innovative Sterneküche und aufregendes Streetfood, feierwütiges Nachtleben und chilliges Stadtgrün. Langeweile? Fehlanzeige!

Und Glasgow wird immer bunter: Einheimische wie Gäste lieben die Graffiti überall in der Stadt. Der Mural Trail (s. S. 26) fasst rund 30 von ihnen zu einem Spaziergang zusammen. Während der Coronapandemie schuf der „schottische Banksy", Rebel Bear, gleich mehrere Murals und im Sommer 2022 entstand in Govan mit „Georgie" ein weiteres großformatiges Werk von Smug, der schon so viele graue Wände der Stadt farbenfroh verwandelt hat.

Die Vielseitigkeit Glasgows zieht britische wie internationale Gäste an, dabei ist die Arbeiterstadt so direkt und bodenständig geblieben wie eh und je. Stets ist man nah am Leben der Locals, die als die freundlichsten im ganzen United Kingdom gelten. Der Stadtslogan „People Make Glasgow" ist keine glatte PR, sondern authentisches Lebensgefühl: „Mon in, Pal" – willkommen in Glasgow!

Die Autorin

Seit ihrem Auslandsstudium in St Andrews an der schottischen Ostküste lässt **Doreen Reeck** die Herzlichkeit der Schotten, die Schönheit der Natur und die wechselvolle Geschichte des Nordens nicht mehr los. Vor mehr als 20 Jahren lief sie das erste Mal zur Glasgower Necropolis hinauf, blickte über die Kathedrale, das Häusermeer und den Clyde – und war hin und weg. An Glasgow liebt sie den Humor und den Dialekt der Einheimischen, den grünen Pollok Country Park, die spannende Gastroszene und die Trad Nights in den Pubs. Sie lebt und arbeitet als Autorin, Reisejournalistin, Lektorin und Übersetzerin in Köln.

001cg-dr

Glasgow auf einen Blick

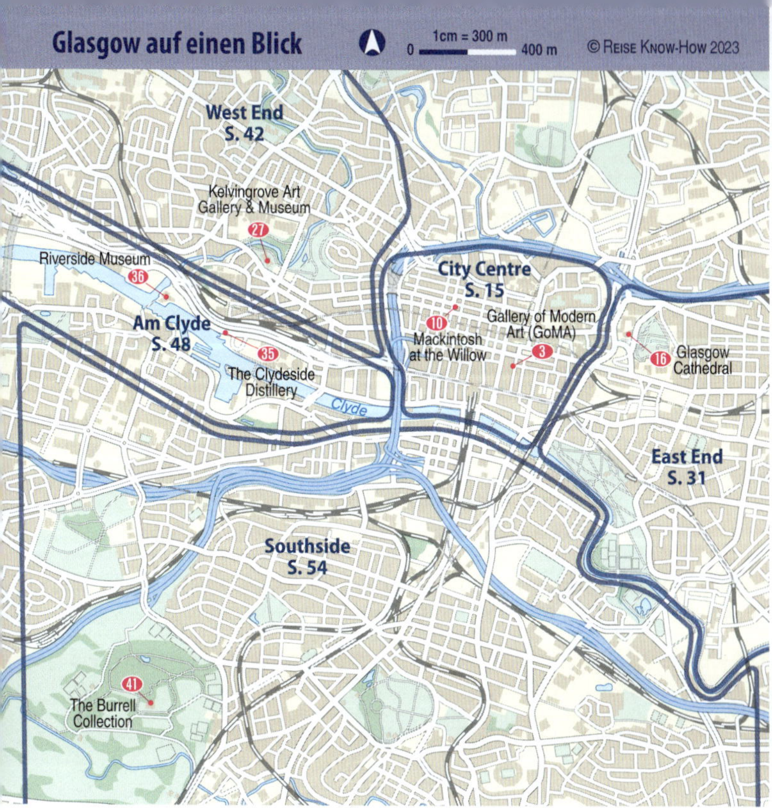

Cleveres Nummernsystem

Die Sehenswürdigkeiten sind im Text und im Kartenmaterial mit derselben **magentafarbenen ovalen Nummer** ① markiert. Alle anderen Lokalitäten wie Geschäfte, Restaurants usw. tragen ein **Symbol und eine fortlaufende rote Nummer** (**1**). Die Liste aller Orte und die Zeichenerklärung befinden sich im Anhang.

ꕥ Der Schmetterling ...

... zeigt an, wo man Angebote im Bereich des nachhaltigen Tourismus findet.

Bewertung der Sehenswürdigkeiten

★★★ nicht verpassen
★★ besonders sehenswert
★ wichtig für speziell interessierte Besucher

Planquadrat im Kartenmaterial

[A1] Orte ohne diese Angabe liegen außerhalb unserer Karten. Ihre Lage kann aber wie die aller Ortsmarken mithilfe der begleitenden Web-App angezeigt werden (s. Anhang).

Vorwahlen

› Großbritannien: 0044
› Glasgow: 0141

Updates zum Buch

www.reise-know-how.de/citytrip/glasgow23

Strahlende Gotik – Glasgow Cathedral 16 (003cg©Glasgow Life)

NICHT VERPASSEN!

3 Gallery of Modern Art (GoMA) [G5]
In einem klassizistischen Stadtpalast hat die meistbesuchte Galerie für Gegenwartskunst Schottlands ihren Sitz. Vor dem Säulenportikus trägt Duke Wellington auf seinem Ross den berühmtesten Verkehrskegel der Stadt zur Schau (s. S. 17).

10 Mackintosh at the Willow [F4]
Nirgends zelebriert sich der Afternoon Tea schöner als in dem nach originalgetreuer Sanierung wiedereröffneten Teesalon von 1903. Eine Zeitreise ins Glasgow des Jugendstil-Wunderkinds Mackintosh (s. S. 25).

16 Glasgow Cathedral [J5]
Die gotische Kathedrale wurde über dem Grab des Stadtgründers St Mungo errichtet: Hier fing im 6. Jh. Glasgows Herz an zu schlagen (s. S. 32).

27 Kelvingrove Art Gallery & Museum [B3]
Dalí, Rembrandt, van Gogh, Renoir – und Sir Roger, the Elephant. Die großartigen Sammlungen zur Kunst, Natur- und Menschheitsgeschichte sind in einem Palast aus rotem Sandstein zu Hause (s. S. 42).

35 The Clydeside Distillery [A5]
Nicht nur etwas für Whiskyfans: Hier erfährt man, wie das „Wasser des Lebens" entsteht, und darf auch ein, zwei, drei *wee drams* probieren (s. S. 50).

36 Riverside Museum und Tall Ship [bg]
Kühne Architektur am Clyde: Zaha Hadid schuf mit ihrem Bau für das Verkehrsmuseum eines der neuen Wahrzeichen der Stadt (s. S. 51).

41 The Burrell Collection [ak]
Mitten im satten Grün des Pollok Country Park bewundert man in einem luftigen Gebäude die eklektische Kunstsammlung, die der Reeder William Burrell seiner Heimatstadt vermachte (s. S. 57).

43 Loch Lomond
Mit einem Bein in den Highlands: Sogar in alten Volksliedern wurde schon die Schönheit dieses Naturwunders besungen (s. S. 59).

GLASGOW ENTDECKEN

004cg©Glasgow Life

Willkommen in Glasgow

Jedes Viertel der Clyde-Metropole zeigt ein etwas anderes Gesicht und einen eigenen Charakter. Nach der Erkundung des Zentrums sollte man daher die Fühler unbedingt auch in andere Stadtteile ausstrecken.

Im **City Centre** geht es am trubeligsten zu, die Attraktionen liegen dicht an dicht – ideal für Streifzüge zu Fuß. Das gitterförmige Straßenraster erleichtert die Orientierung. Die Fußgängerzone **Buchanan Street** 6 gilt samt den umliegenden Straßen und der **Merchant City** 4 als Shopping-Eldorado. Und nicht nur am Tag pulsiert im Zentrum das Leben, nach Büroschluss füllen sich die vielen Pubs, stimmen Bands in Bars ihre Instrumente und strömen die Menschen in die abwechslungsreichen Restaurants. Feiern bis zum Morgengrauen? Vor allem am Wochenende kein Problem.

Die **Glasgow Cathedral** 16 am Übergang zum **East End** ist vom **George Square** 1 aus in 15 Fußminuten erreicht. Der Kathedralbezirk und die High Street, die nach Süden zur Kreuzung Glasgow Cross mit dem **Tolbooth Steeple** 21 führt, sind die historische Keimzelle Glasgows. Bierfans lockt der hopfige Geruch zu **Tennent's** 20, der ältesten Brauerei auf Stadtgebiet, oder in eine der jüngsten, das Craftbeer-Paradies **Drygate** (s. S. 37). Zwei weitere Highlights warten südlich davon mit dem jahrhundertealten Park **Glasgow Green** 24 und dem **Barras** 23, einst der größte Flohmarkt Europas.

In etwas mehr als Bummeldistanz liegt das **West End,** für den Weg dahin bietet sich die kleine, aber praktische Subway an: Sie verbindet in nur 15 Stationen die Innenstadt, das West End und den nördlichen Teil der Southside. Im Westen der Stadt flaniert es sich schön im **Kelvingrove Park** (s. S. 92) und in den **Botanic Gardens** 31, über den Campus der neogotischen **Universität** 28 und durch die endlosen Gänge der **Kelvin-**

Vorseite: Kopfüber ins Großstadtgetümmel – die Buchanan Street 6 ist die Hauptschlagader des City Centre

Blickfang und beliebter Treffpunkt an der University of Glasgow 28 – The Cloisters

005cg-mw

MEIN TIPP

Glasgow von oben

Ein wenig Beinarbeit erfordert die Wendeltreppe im Turm des **Lighthouse** 7, dafür wartet oben ein toller Blick über die Innenstadt. Eine weitere Aussichtsplattform im sechsten Stock ist per Lift erreichbar. Um einiges höher hinaus führt der gläserne Aufzug im **Glasgow Tower** 34 – der Weitblick von der 360°-Terrasse in 100 m Höhe macht ordentlich was her.

Weil Glasgow recht hügelig ist, eröffnen sich aber auch denjenigen, die mit beiden Beinen lieber auf der Erde bleiben, immer wieder Logenblicke: z. B. von der **Necropolis** 19 im East End oder vom Aussichtspunkt am Flagpole im **Queen's Park** (s. S. 93) in der Southside. Gute Aussicht über Finnieston, den **SEC** 33 und den Clyde verspricht die **Red Sky Bar** (s. S. 81).

grove Art Gallery 27. Vintage-Shops, szenige Cafés, Buchläden und spannende Restaurants reihen sich entlang der Byres Road [A3–B1] und der Great Western Road [B1–D2] auf. Foodies zieht es nach **Finnieston** [B/C5]. In diesem kleinen Viertel kam die kulinarische Revolution Glasgows ins Rollen und hier tischen noch immer die innovativsten Lokale auf. Am Abend locken gemütliche Pubs mit Livemusik und stylishe Bars mit gut gemixten Cocktails.

Am Fluss **Clyde**, der die Stadt in Norden und Süden teilt, kann man die neuen Architekturikonen Glasgows in Augenschein nehmen. Die durch mehrere Brücken verbundenen Nord- und Südufer entdeckt man am besten zu Fuß oder per Rad. Wer gezielt die dortigen Museen wie das **Riverside Museum** 36 oder das **Science Centre** 34 ansteuern möchte, nutzt Bus oder Subway (s. S. 129).

Von Mackintosh-Bauten wie dem **House for an Art Lover** 39 bis zu Weltklasse-Kunstsammlungen wie der **Burrell Collection** 41 hat Glasgow auch südlich des Clyde viel zu bieten. Die Sehenswürdigkeiten der **Southside** liegen jedoch teils so weit auseinander, dass Subway, Busse und Vorortzüge zu empfehlen sind (s. S. 129). Einem Miniurlaub gleicht der Besuch im Stadtwald **Pollok Country Park** (s. S. 93). Die Viertel **Strathbungo** [cj/k] und **Shawlands** [ck] verlocken mit ihren vielen kleinen Cafés, Läden und hübschen Stadthäusern zu einer Entdeckungstour zu Fuß.

006cg-dr

Die Statue des Duke of Wellington vor der GoMA 3 *krönt stets ein geschmückter Verkehrskegel*

007cg-dr

Kurztrip nach Glasgow

Bei einem verlängerten Wochenende gewinnt man einen ersten Eindruck von der lebendigen Clyde-Metropole. Die Doppeldeckerbusse von City Sightseeing (s. S. 125) verbinden viele Attraktionen in der nördlichen Stadthälfte per Hop-on-Hop-off-System, daher kann ein Zweitagesticket lohnen.

Erster Tag

Nach einem *Full Scottish Breakfast* im Café Singl-end (s. S. 77) in der Merchant City steuert man den **George Square** 1 an. Um 10.30 Uhr startet die Führung durch die **City Chambers** 2. Zu Fuß geht es dann zur **Glasgow Cathedral** 16, in deren Nachbarschaft das älteste erhaltene Wohnhaus der Stadt, **Provand's Lordship** 17, steht. Die „Seufzerbrücke" führt in die **Necropolis** 19, wo nicht nur die Monumente der viktorianischen Totenstadt Eindruck machen, sondern auch der Blick über die Stadt. Am Fuß der Cathedral Street lockt ein Lunch-Stopp mit Craftbeer in der **Drygate Brewery** (s. S. 37).

Frisch gestärkt lohnt ein Streifzug durch die **Merchant City** 4 mit ihrer vielfältigen Architektur, netten Cafés, Shops und bunten Murals. An der Queen Street stellt die **GoMA** 3 neuste zeitgenössische Kunst aus. Von hier sind es nur wenige Schritte zur **Buchanan Street** 6, dem Shopping-Epizentrum Glasgows. Wer in Museumsstimmung ist, macht Halt im **Lighthouse** 7, wo das Mackintosh Centre eine Einführung zum berühmtesten Architekten der Stadt gibt. Wahlweise kann man dessen Talent auch bei einem *Afternoon Tea* im Teesalon **Mackintosh at the**

Vor dem futuristischen Riverside Museum ankert der in Glasgow erbaute Windjammer „Glenlee" von 1896

Willow 10 mit angeschlossenem Museum auf sich wirken lassen oder Wohnkultur zu Beginn des 20. Jh. im **Tenement House** 13 kennenlernen.

Zum Dinner schmeckt z. B. moderne schottische Küche im **Glaschu** (s. S. 72) oder neapolitanische Pizza im **Paesano** (s. S. 76), ehe ein Whisky ins **The Pot Still** (s. S. 81) oder ein Pint bei *fiddle sound* in der **Scotia Bar** (s. S. 80) ruft. Schweißtreibend geht es beim **Ceilidh** (s. S. 84) im **Sloan's** (s. S. 80) zu und nicht minder lebendig in den Bars und Clubs der Ausgehmeile Sauchiehall Street, z. B. im **Nice N Sleazy** (s. S. 84). Lust auf Livemusik? Ob klassisch in der **Royal Concert Hall** (s. S. 85), kultig im **Barrowland Ballroom** (s. S. 41) oder in **King Tut's Wah Wah Hut** (s. S. 83) – die Auswahl in der UNESCO City of Music (s. S. 79) ist riesig.

Zweiter Tag

Am Wochenende erwacht die Flohmarkt-Institution **The Barras** 23 im East End zum Leben, bei einem Kaffee im **BAaD** lässt sich das bunte Treiben beobachten. Danach spaziert man durchs **Glasgow Green** 24 zum stadtgeschichtlichen Museum **People's Palace** 25. Mit einem OVO Bike (s. S. 124) saust man am Clyde entlang zum **Finnieston Crane** 32, ein Stück Industrieerbe Glasgows. Der Lunch mundet bei toller Aussicht nebenan auf der Dachterrasse der **Red Sky Bar** (s. S. 81). Wer noch höher hinaus will, macht einen Abstecher auf die andere Flussseite: Der **Glasgow Tower** 34 bietet auf 100 m Höhe einen unschlagbaren Rundumblick. Daneben zieht das **Science Centre** mit seinen Mitmach-Stationen nicht nur Familien an.

Das gibt es nur in Glasgow

- **Glasgow Style:** Am Clyde stehen die meisten Bauwerke von Charles Rennie Mackintosh, der den Glasgow Style als schottische Ausprägung des europäischen Jugendstils begründete (s. S. 107). Highlights sind Mackintosh at the Willow 10, das Lighthouse 7, das House for an Art Lover 39, das Mackintosh House 30 und The Hill House 44.
- **Hier spielt die Musik:** Seit 2008 ist Glasgow **UNESCO City of Music** (s. S. 79). Die musikalischste Stadt Schottlands bringt es auf unzählige Konzerte, hat die meisten Musikhochschulen und bedeutende Orchester. Bühnen wie das OVO Hydro (s. S. 49) zählen zu den modernsten und renommiertesten der Welt oder sind – wie der Barrowland Ballroom (s. S. 41) oder das King Tut's Wah Wah Hut (s. S. 83) – schlicht legendär.
- Die **älteste gotische Kathedrale auf schottischem Festland** steht in Glasgow: Die Glasgow Cathedral 16 überstand die Reformation beinahe unbeschadet.
- Das einzigartige **St Mungo Museum of Religious Life and Art** 18 widmet sich den Weltreligionen, der interreligiösen Verständigung und religiöser Kunst.

Zurück am Nordufer geht es vorbei an der modernen Architektur des **SEC** 33 bis zur **Clydeside Distillery** 35, wo eine Führung durch die Whiskybrennerei mit Tasting wartet. Von hier aus radelt man nur wenige Minuten zum spektakulären **Riverside Museum** 36 oder macht sich auf den Weg in die nicht minder beeindruckende

Kelvingrove Art Gallery & Museum (27) im West End. Glasgower Lebensgefühl aufsaugen lässt sich bei einem Bummel durch den **Kelvingrove Park** (s. S. 92) oder die **Vintage-Shops** und **Cafés** an Byres Road [A3–B1] und Great Western Road [B1–D2].

Am Abend hat man im West End die Qual der Restaurantwahl: Legendär sind **Ubiquitous Chip** (s. S. 73) und die indische Küche im **Mother India** (s. S. 75). Gefeiert wird in der **Kulturkirche Òran Mór** (s. S. 48) und bei schottisch-irischer Livemusik in Pubs wie **The Ben Nevis** (s. S. 80).

Dritter Tag

Nun lockt die grüne **Southside.** Einen guten Start verschafft das **Café Strange Brew** (s. S. 76), einer der besten Brunch-Spots der Stadt. Die Linie 57 von First Bus bringt einen zum **Pollok Country Park** (s. S. 93), der mit langen Spazierwegen, Highland Cattle, Kunst in der **Burrell Collection** (41) und dem Herrensitz **Pollok House** (40) aufwartet. Dessen Edwardian Kitchen tischt leckeren Lunch auf.

Den Nachmittag verbringt man auf Mackintoshs Spuren im **House for an Art Lover** (39), entdeckt moderne Kunst im **Tramway** (s. S. 54) oder bummelt durch Shawlands [ck]. Fürs Abendessen bieten sich dort **Julie's Kopitiam** (s. S. 75) oder das vegane **The Glad Cafe** (s. S. 84) an, wo man direkt für ein Konzert oder ein Theaterstück bleiben kann.

Alternativ verbringt man den Tag in Glasgows schöner Umgebung: Ein Tagesausflug führt inklusive Fährüberfahrt auf die **Isle of Bute** (45), an den **Loch Lomond** (43) am Fuß der Highlands oder ins grüne Clyde Valley zum UNESCO-Weltkulturerbe **New Lanark** (42).

Stadtspaziergang

Die reine Gehdauer des im Folgenden beschriebenen Spaziergangs beträgt in etwa drei Stunden. Start ist am **George Square** (1) mit den imposanten **City Chambers** (2). Im „Wohnzimmer der Stadt" sollte man das Treiben eine Weile auf sich wirken lassen, bevor man an der Nordostecke des Platzes in die George Street biegt. Man passiert mehrere Wandgemälde an der **University of Strathclyde** und das Mural **„St Enoch and Child"**, das die beiden Stadtpatrone, die Heiligen Enoch und Mungo, auf sehr nahbare Art zeigt: Enoch stillt ihren kleinen Sohn Mungo.

Kurz darauf stößt man auf die High Street, der man nach links bergan zur gotischen **Kathedrale** (16) folgt. Auf halbem Wege sollte man sich umdrehen, um das bunt leuchtende Mural **„St Mungo"** nicht zu verpassen, das auf moderne Weise den Heiligen verewigt (s. S. 26). Rund um die Kathedrale lohnen auch das älteste Wohnhaus Glasgows, **Provand's Lordship** (17), das **St Mungo Museum of Religious Life** (18) und die **Necropolis** (19) einen Stopp. Von dem Friedhofshügel mit den pittoresk verfallenen Grabmonumenten hat man einen großartigen Blick auf die Stadt.

Man verlässt den Gottesacker in südlicher Richtung und folgt der John Knox Street zur Brauerei **Drygate** (s. S. 37), wo man zum Lunch mit ausgefallenen Craftbieren anstoßen kann. Weiter geht es zur Duke Street,

Routenverlauf im Stadtplan

Der hier beschriebene Spaziergang ist mit einer farbigen Linie im Stadtplan eingezeichnet.

dort wirft man linker Hand einen Blick auf die bunten Murals an der Mauer der **Tennent's Brewery** 20, ehe man auf der Duke Street zurück zur Kreuzung mit der High Street läuft. Hier wendet man sich links und dann rechts in die Ingram Street.

Willkommen in der **Merchant City** 4! Kaum zu verpassen ist das wirklich riesige Mural „Fellow Glasgow Residents" mit Natur- und Stadtmotiven. Direkt danach folgt man gegenüber der Ramshorn Kirk (s. S. 20) links der Straße Candleriggs und läuft an den **City Halls** und dem **Old Fruitmarket** (s. S. 85), den ältesten Konzerthallen der Stadt, vorbei bis zur zauberhaften ehemaligen Markthalle **Merchant Square**, in die mittlerweile Restaurants und Pubs eingezogen sind. Der Weg führt hier nach rechts in die Wilson Street, vorbei am Mural „Bow Down, Honour the Roots", das 2021 im Rahmen der UN-Klimakonferenz entstand und marginalisierte, indigene Menschen ehrt, und dem **Old Sheriff Court** (s. S. 20), dann nach rechts in die Glassford Street mit der **Trades Hall** (s. S. 20) von Robert Adam. Man erreicht nun wieder die Ingram Street und wendet sich nach links, passiert den prächtigen **Corinthian Club** (s. S. 82) und biegt erneut nach links in die Miller Street mit dem **Tobacco Merchant's House** (s. S. 19) von 1775.

Schließlich trifft man auf die Shoppingmeile **Argyle Street**, die nach links in die Straße Trongate übergeht. Hier finden sich die *music hall* **Britannia Panopticum** (s. S. 21), das Kunstzentrum **Trongate 103** 5 und die Tron Church mit dem renommierten **Tron Theatre** (s. S. 85). Am Glasgow Cross markiert der Turm des **Tolbooth** 21 das Ende der Merchant City. Über die jahrhundertealte Straße Saltmarket läuft man nach Süden bis zur St Andrews Street, an deren Ende die wunderschöne Kirche **St Andrew's**

Gute Aussichten von der „Stadt der Toten", der Glasgow Necropolis 19

in the Square 22 von georgianischen Stadthäusern umgeben ist.

Die Turnbull Street führt ins **Glasgow Green** 24, wo man einen der Wege zum **People's Palace** 25 wählt. Auf dem Vorplatz mit dem Doulton-Brunnen fällt der Blick auf ein Stück Venedig in Glasgow: das dem Dogenpalast nachempfundene **Templeton Building** 26. Am Nelson Monument und dem 2014 Commonwealth Games Monument vorbei und durch den McLennan Arch geht es zurück zur Saltmarket Street, dort biegt man nach links und vor der Brücke rechts in die Clyde Street, die am Stadtfluss entlangführt. Hier passiert man die viktorianische Markthalle **Briggait** von 1873, die inzwischen ein Co-Working-Space für Kreative und Ausstellungsort ist. An der **Victoria Bridge**, die 1854 eine um 1340 erbaute Steinbrücke ersetzte, sind die Wände des **Clutha** (s. S. 84), einem der ältesten Pubs und Livebühnen, mit bunten Murals geschmückt. Ein Stück weiter kann man in der **St Andrew's Cathedral** (1816) ein Gemälde des zu den New Glasgow Boys (s. S. 29) zählenden Malers Peter Howson bewundern.

009cg-dr

010cg-dr

An der Dixon Street geht es rechts in Richtung St Enoch Square und Fußgängerzone **Buchanan Street** 6. Sie bietet abwechslungsreiche Architektur, Cafés – und natürlich jede Menge Läden. Wer mag, macht an der Gordon Street einen Abstecher zur **Central Station** 8 und versorgt sich dabei bei Tantrum Doughnuts (s. S. 78) mit einer der süßen Kreationen. Nicht verpassen sollte man aber den Abzweig nach links in die Mitchell Lane mit dem **Lighthouse** 7, dessen Turm einen tollen Blick über die Stadt bietet. Ein Stück weiter die Buchanan Street hinauf, geht es rechts zum Royal Exchange Square mit der **GoMA** 3, vor deren Eingang die Statue des Duke of Wellington stets die neuste Verkehrskegelmode auf dem Kopf trägt (s. S. 18). Über die Queen Street gelangt man zurück zum George Square.

Wer den Spaziergang mit einem originalen Afternoon Tea abschließen möchte, folgt der Buchanan Street bis zur Flaniermeile Sauchiehall Street und ihr bis zum Tearoom **Mackintosh at the Willow** 10.

City Centre

Das Herz der Stadt schlägt im Zentrum am schnellsten: Über die gitterförmig angelegten Straßen brummen Doppeldeckerbusse und Taxis, rund um die Central Station 8 wuseln Pendler und Geschäftsleute. Shopper flanieren über Einkaufsmeilen und am George Square 1 wird mal wieder demonstriert, während man in der Merchant City 4 schon am ersten Drink des Tages nippt.

Jahrhundertelang scharte sich Glasgow um seine Keimzellen an der Kathedrale 16 und dem Glasgow Cross im Osten. Ab dem 18. Jh. wuchs die Stadt gen Westen und das heutige Zentrum entstand. Beim Spaziergang durch die Innenstadt wird klar, warum Glasgow nach London als Second City of the Empire galt: Dem Reichtum und der Bauwut des 19. Jh. verdankt sie ein reiches viktorianisches Architekturerbe wie die **City Chambers** 2 und die **Central Station** 8. Immer mehr moderne Glasbauten gesellen sich hinzu, am Clyde-Ufer entsteht der **International Financial Services District**, der an die Gründerzeitarchitektur des **Blythswood Hill** grenzt. Im nördlich gelegenen Garnethill herrscht rund um die **Glasgow School of Art** 11 und die Sauchiehall Street studentischer Boheme-Vibe. Das City Centre ist heute ein spannender Mix aus viktorianischem Grandeur, moderner Urbanität und stylishem Savoir-vivre.

Graue Fassaden? Nicht in Glasgow! Ob Comedian-Legende Billy Connolly (Teil des Mural Trail, s. S. 26) oder Venedig-Reminiszenz am Templeton Building 26: Farbe geht immer.

1 George Square ★★ [G5]

Queen Victoria, Robert Burns, Sir Walter Scott – ein illustres Dutzend Statuen bevölkert den zentralen Platz Glasgows. Im „Wohnzimmer der Stadt“ nehmen auch die Einheimischen gern Platz, lassen sich ihren Lunch schmecken oder sonnen sich auf dem Rasen. Im stattlichen Rathaus im Hintergrund wird derweil kommunale Politik gemacht. Ob Festivals, Sportevents, Demos oder Weihnachtsmarkt: Glasgow kommt am George Square zusammen.

Die Anfänge des nach König George III. benannten Platzes reichen ins 18. Jh. zurück, als wohlhabende Bürger elegant am damaligen Stadtrand wohnen wollten. 1781 wurde er als Teil der **New Town** mit ihren schnurgeraden Straßen angelegt und erste georgianische Stadthäuser entstanden. 1837 bezog der schottische Dichter **Sir Walter Scott** die Säulenspitze des landesweit ersten ihm zu Ehren errichteten Denkmals. In einsamer Höhe überragt er alle anderen VIPs – sogar **Queen Victoria**, die am Westrand des George Square als bronzene Reiterin neben ihrem geliebten Prinzgemahl Albert trabt.

Der Platzhirsch unter den Bauten sind die **City Chambers** 2 an der Ostseite. Im **General Post Office Building** (1878) mit seiner Fassade im Renaissancestil an der Südostecke war bis 1995 die Hauptpost. In der früheren Schalterhalle der **Bank of Scotland** (1870) an der Südwestecke kann man heute im Pub Counting House auf den Glanz des Empire anstoßen. Nebenan segelt auf der Spitze des **Merchants House** (1874), Sitz der Handelskammer, in Erinnerung an die Bedeutung des Seehandels ein Schiffchen auf einem Globus.

Durch und durch modern mit komplett verglaster Front präsentiert sich seit 2021 die **Queen Street Station.** Für 120 Mio. Pfund wurde der 1842 erbaute Stadtbahnhof von Grund auf saniert.

2 Glasgow City Chambers ★★★ [G5]

Im 19. Jh. schien in Glasgow alles möglich: Handel und Industrie hatten die Stadt reich gemacht, Einfluss und Bevölkerung waren stetig gewachsen und damit auch die Verantwortung des Stadtrats. Dieser wollte nach Jahren ständiger Umzüge von einer beengten Räumlichkeit zur nächsten eine repräsentative neue Bleibe. Und das hieß nach damaligem Selbstverständnis: höher, größer, prächtiger.

Den Architektenwettbewerb gewann 1882 der an der italienischen Renaissance orientierte Entwurf von William Young. Sechs Jahre später eröffnete Queen Victoria höchstselbst das Rathaus. Sakrale Ehrwürdigkeit strahlt die von zwei Türmen mit Kuppeln eingerahmte **Gebäudefront** am George Square mit zentralem Giebelfries, Glockenturm und reichem Skulpturenschmuck aus. 1923 kamen die mit zwei schönen Beaux-Arts-Triumphbögen ans Haupthaus angeschlossenen **Erweiterungen** an der John Street hinzu.

So beeindruckend das Äußere ist, das Staunen geht im Inneren erst richtig los. Die von ionischen Granitsäulen getragenen Gewölbedecken im **Foyer** sind mit Mosaiken geschmückt. Allein für das **Stadtwappen mit dem Motto „Let Glasgow flourish“** („Lass Glasgow blühen“) auf dem Boden wurden 1,5 Mio. Mini-Keramikfliesen per Hand verarbeitet.

Prunkvoll sind auch die beiden **Treppenhäuser.** Der Stein für den Aufgang im südlichen Gebäudeteil, der für den alltäglichen Amtsbetrieb vorgesehen war, stammt aus dem italienischen Brescia. Für das zur Repräsentation genutzte nördliche Treppenhaus durfte es Carrara-Marmor

Stadtpalast im Wortsinn: die Glasgow City Chambers

sein, Säulen und Wandverkleidungen sind aus Alabaster. Schnöde Zahlen verdeutlichen das Ausmaß des prächtigen **Bankettsaals:** 35,5 m lang, 14,6 m breit und 15,8 m hoch ist der mit einer Gewölbe-Kassettendecke versehene Raum. Die überlebensgroßen Wandgemälde mit Szenen aus der Stadtgeschichte stammen von Malern der um die vorige Jahrhundertwende gefeierten Künstlergruppe **Glasgow School** (s. S. 29).

In der **Council Chamber** (Ratskammer) reihen sich rund um den von Königin Victoria gestifteten „Thron" für den Lord Provost (Oberbürgermeister) im Halbkreis die mit rotem Leder bezogenen Sitze der Abgeordneten. Die Möbel sind aus Mahagoniholz geschnitzt, die Tapeten mit Gold verziert und die Fenster aus venezianischem Buntglas – alles ist original erhalten. Stattlich wie das Gebäude selbst war am Ende auch der Preis: Mit 578.232 £ wurden die City Chambers doppelt so teuer wie geplant.

› 82 George Square, Tel. 0141 2874018, www.glasgow.gov.uk, Gratisführungen Mo.–Fr. 10.30, 14.30 Uhr, Tickets ab 30 Min. zuvor an der Rezeption, Foyer Mo.–Fr. ca. 9–17 Uhr frei zugänglich

3 Gallery of Modern Art (GoMA) ★★★ [G5]

Im Herzen der Merchant City wechselten in der Royal Exchange (Börse) mehr als 100 Jahre lang Handelsgüter die Besitzer. Heute dreht sich hier alles um künstlerische Ausdruckskraft: Die GoMA ist die meistbesuchte Galerie für zeitgenössische Kunst in Schottland.

Die 1996 gegründete **Galerie** beherbergt Exponate der städtischen Sammlungen – darunter Werke von John Bellany, Douglas Gordon, David Hockney und Andy Warhol –, zeigt aber auch Wechselschauen **zeitgenössischer Kunst** internationaler und einheimischer Künstler. Neben Malerei und Skulpturen gehören Installationen, Video- und Fotokunst sowie Collagen zum Repertoire.

Das Gebäude wurde 1778 bis 1780 für den Tabakbaron **William Cunninghame of Lainshaw** errichtet und ab 1827 von David Hamilton zur Königlichen Börse umgebaut. Er verlieh

Außen klassisch, innen Gegenwartskunst: die Gallery of Modern Art

012cg-dr

KURZ & KNAPP

Wer's tragen kann!

Das Haupt der Reiterstatue des **Duke of Wellington**, die Carlo Marochetti 1844 schuf, krönten erstmals Anfang der 1980er-Jahre vermutlich betrunkene Spaßvögel über Nacht mit einem Pylon. Die Polizei holte den Verkehrskegel herunter, am nächsten Morgen war er wieder da. So ging das mehrere Jahre, bis man sich bei der Stadt dachte: So what?

Mittlerweile ist der *cone* zu einem inoffiziellen Wahrzeichen Glasgows geworden und wird je nach Anlass gestaltet: Als Russland 2022 die Ukraine angriff, trug der Duke Gelb-Blau als Zeichen der Solidarität.

ihm durch den Säulenportikus, den Ziergiebel und die Kuppel ein klassizistisches Aussehen und ergänzte den hallenartigen Reading Room an der Rückseite. Einst kamen dort die Kaufmannsgrößen der Stadt zusammen, heute ist der Saal mit seiner hohen Kassettendecke und den Säulen nicht nur atmosphärisch, sondern bietet auch einen schönen Kontrast zur ausgestellten zeitgenössischen Kunst. Den Front-Ziergiebel gestaltete **Niki de Saint Phalle** mit dem am Stadtwappen orientierten Mosaik „Tympanum".

› Royal Exchange Sq, Tel. 0141 2873050, www.glasgowlife.org.uk/museums, Mo.–Do., Sa. 10–17, Fr., So. 11–17 Uhr, Eintritt frei, Café

Die Tobacco Lords

Die Ära der **Tobacco Lords** begann im Jahr 1707, als die Union mit England den schottischen Händlern die **Überseemärkte** der amerikanischen Kolonien öffnete. Zwei bis drei Wochen eher als Schiffe aus anderen Häfen kamen die Klipper der Glaswegians dort an. Zudem gewährte Frankreich ihnen das Monopolrecht für die französischen Gebiete. 1740 bis 1770 wurde die Hälfte aller Tabakimporte Europas und rund 80 % des gesamten Re-Exports Schottlands über Glasgow abgewickelt: Der Clyde sah mehr Schiffe als alle anderen britischen Häfen zusammen. Die Geschäftsleute häuften durch Tabak- und Dreieckshandel derartige Reichtümer an, dass man ihnen den Beinamen Tobacco Lords gab – Tabakbarone. Mit dem neuen Geld trieben die Kaufmannsfamilien die bauliche Entwicklung der Merchant City voran. Straßennamen erinnern an Tabakbarone wie John Glassford, Andrew Buchanan und Archibald Ingram, aber auch an die Schiffsdestinationen, z. B. Virginia und Jamaica. Nicht wenigen stößt dies heute übel auf, denn diese Namen stehen durch den Dreieckshandel mit dem Sklavenhandel in Verbindung.

Der **Amerikanische Unabhängigkeitskrieg** machte dem Boom ein Ende, doch durch kluge Investitionen in die lokale Wirtschaft hatte man die Fundamente für eine weiterhin florierende Ökonomie gelegt. Die Glasgower Händler machten nun Geschäfte in Häfen der Karibik (Tabak, Zucker, Baumwolle, Gewürze) und Kanada (Hölzer), während zu Hause in lokale Manufakturen und aufblühende Industrien investiert wurde. So stellte die Stadt am Vorabend der **Industrialisierung** die Weichen, um im 19. Jh. zu einem neuen Höhenflug anzusetzen, der sie als „Second City of the Empire" etablierte.

014cg-dr

4 Merchant City ★★ [G5]

Handel und Handwerk bestimmten hier einst den Lauf der Stadtgeschichte. Galerien, Restaurants, Bars und Boutiquen in historischen Bauten machen heute den Charme der alten „Kaufmannsstadt“ aus.

Als Merchant City wurde das Viertel zwischen High Street im Osten, Clyde im Süden, George Street im Norden und Buchanan Street 6 im Westen erst in den 1980er-Jahren bekannt, als die Stadt nach der groß angelegten Sanierung einen PR-tauglichen Namen suchte. Passend gewählt ist er, denn bereits im Mittelalter blühten rund um Trongate, Glasgow Cross, High Street und Bridgegate Handel und Handwerk. Eine Hochzeit erlebte das Quartier im 18. und 19. Jh., als die **Tobacco Lords** (s. S. 18) und reiche Industrielle repräsentative Anwesen, Kirchen und Handelshäuser bauten.

Man kann sich wunderbar treiben lassen – z. B. ab der **Gallery of Modern Art** 3 die Ingram Street entlang nach Osten. Ein Schlenker führt zum **Tobacco Merchant's House** (42 Miller St) von 1775, das als einziges Haus aus der Ära der Tobacco Lords überdauert hat. Der **Corinthian**

Einst wurde im Merchant Square (s. S. 20) Markt gehalten, heute übernehmen hier Pubs und Restaurants die Zubereitung der Rohware

MEIN TIPP

Rast mit Aussicht

Fifties-Flair an der Ecke Ingram Street/ Candleriggs: Das lässige **Spitfire Café** verkauft leckere Suppen, hervorragenden Kuchen und Spitzenkaffee. Von der Fensterbank hat man die „Fellow Glasgow Residents“ von Street-Art-Künstler Smug (s. S. 26) im Blick. Lust auf ein Craftbeer? Dann ist die hippe **Bar 91** einige Schritte weiter eine gute Idee, wo man auch gut essen kann.

1 [H5] **Bar 91,** 91 Candleriggs, www.bar91.co.uk, tägl. 11–24 Uhr

2 [H5] **Spitfire Espresso,** 127 Candleriggs, www.spitfireespresso.com, Mo.–Do. 8–17, Fr.–Sa. 8–18, So. 9–17 Uhr

Club (s. S. 82) mit seinem auffälligen Skulpturenschmuck wurde 1842 von David Hamilton als Glasgow Ship Bank errichtet und 1878 im italienischen Renaissancestil von John Burnet umgebaut. Inzwischen haben sich im viktorianischen Inneren schicke Restaurants und Bars eingerichtet. Der architektonische Blickfang nebenan ist die 1866 von Burnet (und Sohn) erbaute **Glasgow Savings Bank** (177 Ingram St).

Die **Trades Hall** von 1794 an der Glassford Street dient noch ihrem ursprünglichen Zweck. Robert Adam schuf den Sitz der Handwerksgilden, die sich 1605 zusammengeschlossen hatten. Die schneeweiße, kirchenähnliche **Hutchesons' Hall** (158 Ingram St) errichtete David Hamilton 1805 für eine Wohltätigkeitsstiftung. Im **Old Sheriff Court** aus dem 19. Jh. schräg gegenüber tagten einst Stadtrat und Gericht. Heute hat hier das Scottish Youth Theatre sein Hauptquartier.

Ins Mittelalter entführt die **Ramshorn Kirk** (98 Ingram St) von 1826 als frühes Beispiel der Neogotik. Auf dem rückwärtigen Friedhof erinnern schmiedeeiserne Gitter über den Gräbern an die Zeit der Leichenräuber.

Die **City Halls** (s. S. 85) entstanden 1841 als erste eigens für Veranstaltungen erbaute Hallen der Stadt für 1000 Zuschauer. Als hier Charles Dickens und Benjamin Disraeli sprachen, sollen sich aber gut 3000 Menschen gedrängt haben. Die Fassade im Renaissancestil von 1886 und den als Obstmarkt gedachten **Old Fruitmarket** (1853) nebenan entwarf John Carrick. Auch in der Markthalle **Merchant Square** (1866, www.merchantsquareglasgow.com) gingen bis 1969 noch Äpfel, Gurken und Zwiebeln über die Theke. Heute reihen sich Lokale und Pubs am überdachten und mit Bänken bestückten Kopfsteinpflasterplatz aneinander, auf dem am Wochenende Künstler und Kunsthandwerker ihre Stände aufbauen (s. S. 89).

Den Abschluss der Merchant City und Übergang zum East End bildet der **Tolbooth Steeple** (21) am Trongate.

(5) Trongate 103 und Sharmanka Kinetic Theatre ★★ [G6]

„Here we are at the Transmission party, I love your friends, they're all so arty, oh yeah", besang die Glasgower Band Franz Ferdinand 2005 in „Do you want to" die legendären Partys der Transmission Gallery. Sie ist eine von mehreren Galerien des Kulturzentrums Trongate 103, einem der Hotspots zeitgenössischer Kunst in Glasgow.

Lange, ehe Bars und schicke Shops die Merchant City eroberten, hatten Künstler die leeren Fabriken und Warenhäuser für sich entdeckt: Schon in den 1970er- und 1980er-Jahren richteten sie hier Galerien und Ateliers ein. Aus einigen davon entstand 2009 in einem Lagerhaus von 1903 das Kulturzentrum **Trongate 103**, das sich schnell als Topadresse für zeitgenössische Kunst etablierte und ein vielfältiges Veranstaltungsprogramm auflegt. Neben Kulturorganisationen und Kreativagenturen haben hier drei renommierte Galerien ihren Sitz. **Transmission** (s. S. 66) ist die älteste von Künstlern gegründete Galerie der Stadt und bildet seit knapp 40 Jahren die Entwicklung der Kunst in Glasgow ab. Das bereits 1972 gegründete **Glasgow Print Studio** (s. S. 66) war und ist Mittelpunkt der städtischen Autorenszene. Auf

MEIN TIPP

Altes Mädchen

1857 wurde im Gebäude des **Britannia Panopticon** mit der auffälligen Fassade die **Britannia Music Hall** gegründet – die nach eigenen Angaben älteste erhaltene Music Hall der Welt, wo u. a. Stan Laurel seine Karriere startete. 1938 wurde sie geschlossen und geriet, mit Brettern vernagelt, bis zu ihrer Wiederentdeckung 1997 in Vergessenheit. Heute organisieren Ehrenamtliche Varieté- und andere Shows sowie Stummfilmvorführungen.

- 3 [G6] **Britannia Panopticon,** 113–117 Trongate, Tel. 0141 5530840, www.britanniapanopticon.org, Di.–Sa. 12–17 Uhr und bei Veranstaltungen, 2/1 £

drei Etagen zeigt es Ausstellungen und verkauft erschwingliche Drucke. Fotografiefans zieht es in die Galerie **Street Level Photoworks** (s. S. 66), die wechselnde Schauen schwerpunktmäßig schottischer Künstler zeigt und Künstlergespräche sowie Themenabende organisiert.

Auf liebenswerte Weise schräg und sehenswert ist das **Sharmanka Kinetic Theatre,** ein kinetisches Puppentheater. Die Figurenautomaten des russischen Bildhauers und Mechanikers Eduard Bersudsky bestehen aus Hunderten geschnitzter Holz- und Metallfiguren, die mit Motoren ausgestattet bei einer Musik- und Lichtchoreografie zum Leben erwachen.

› 103 Trongate, Tel. 0141 2768380, Facebook: Trongate 103, Eintritt frei, Di.–Do. 10–17.30, Fr. 10–17, Sa. 10–19.30, So. 12–17 Uhr

› **Sharmanka Kinetic Theatre,** www.sharmanka.com, Shows: „Journey“ (30 Min.) „Promenade“ (60 Min.), „Wheels of Life“ (60 Min.), ab 8/6 £, aktuelle Zeiten s. Website

6 Buchanan Street ★★ [F5]

Historische Architektur, mondäne Shoppingmalls und kleine Boutiquen, Cafés und talentierte Straßenmusiker machen die Fußgängerzone zur abwechlungsreichen Flaniermeile, in der auch nach Ladenschluss noch Leben steckt.

Wer beim Wort **Straßenmusiker** *(busker)* Panflötensound im Ohr hat, wird staunen: Die Bandbreite und Qualität gleicht hier eher einem „Open Mic“-Abend in einer Livebar. Glasgow ist eben Musikstadt. Der Szene widmet sich sogar ein Instagram-Kanal (buskersofglasgow).

Benannt ist der lange Boulevard nach dem **Tabakbaron Andrew Buchanan,** der das Land besaß, auf dem man die Straße ab 1777 baute. Am **St Enoch Square** mit dem **St Enoch Centre** (s. S. 91) lockt der erste Shoppingstopp. An der Ecke von Argyle und Buchanan Street residiert in einem prächtigen, turmbewehrten Gebäude von 1903 und im benachbarten Wylie & Lochhead Building von 1886 das **House of Fraser** (s. S. 91). In seinem prächtigen Inneren umgeben Galerien mit eleganten Treppenaufgängen ein von einer Glaskassettendecke überwölbtes Atrium. Mehr als ein Hauch von Paris weht durch die rechter Hand gelegene **Argyll Arcade** (s. S. 91): In der denkmalgeschützten Passage von 1827 funkelt Schmuck und ticken Uhren in zwei Dutzend Läden. Mit dem auffälligen Pfauendekor an seiner Belle-Époque-Fassade ist **Princes Square** (s. S. 91) kaum zu übersehen. Das 1987 zur Shoppingmall umgebaute Gebäudeensemble stammt aus dem Jahr 1841.

Vorbei an der Mitchell Lane, wo Lichtinstallationen des spanischen

KURZ & KNAPP

Glasgows Clockwork Orange

Am **St Enoch Square** [F6] fällt ein zu klein geratenes Schlösschen ins Auge: Das ehemalige Hauptquartier der 1896 eröffneten U-Bahn beherbergt heute ein Café. Früher ging es hier in den Untergrund. Die **Subway** von Glasgow ist die drittälteste der Welt und verläuft ringförmig unter der Stadt. Nur zwei Linien bilden einen Kreis von 15 Stationen – verloren geht hier also niemand. Der „Kreisverkehr" und ihre Erkennungsfarbe sorgten für den Spitznamen „Clockwork Orange".

Künstlers Javier Mariscal den Weg zum Lighthouse 7 weisen, und dem Durchgang zur GoMA 3 am Royal Exchange Square gelangt man zum **Nelson Mandela Place.** Die schöne Fassade der von John Burnet 1877 im venezianischen Neogotikstil errichteten ehemaligen **Glasgower Börse** verströmt einen Hauch Bella Italia.

Betritt man die barock-klassische **St George's Tron Church** von 1808 fällt jegliche Großstadthektik von einem ab, sogar einen Kaffee kann man hier trinken (www.thewildolivetree.co.uk). Die anrührende Skulptur **„Homeless Jesus"** hinter der Kirche, die einen auf einer Bank schlafenden Obdachlosen mit Stigmata darstellt, schuf der kanadische Künstler Timothy Schmalz.

Den Abschluss der Buchanan Street bilden das moderne Einkaufszentrum **Buchanan Galleries** (s. S. 91) und die **Glasgow Royal Concert Hall** (s. S. 85). Davor blickt **Donald Dewar,** der erste First Minister des 1999 nach 292 Jahren wiedereröffneten schottischen Parlaments, in Bronze von der Anhöhe auf die Shopper und den Clyde in der Ferne.

7 The Lighthouse ★★ [F5]

In diesem „Leuchtturmprojekt" der städtischen Kulturlandschaft hat u. a. **Scotland's Centre for Architecture and Design** seinen Sitz, dessen Gründung eine ausschlaggebende Rolle bei der Ernennung Glasgows zur **UK City of Architecture and Design** im Jahr 1999 spielte. Als Teil der Bewer-

016cg-dr

KURZ & KNAPP

Im Namen der Freiheit

Die Glaswegians lieben Underdogs, das zeigt auch die Geschichte des **Nelson Mandela Place,** der bis 1986 noch St George's Place hieß. Dem in Südafrika inhaftierten Anti-Apartheids-Aktivisten Nelson Mandela verlieh Glasgow 1981 als weltweit erste Stadt die Ehrenbürgerschaft. Viele folgten dem Beispiel: 2500 Oberbürgermeister aus 56 Ländern unterschrieben die Petition von Lord Provost Michael Kelly, die Mandelas Freilassung forderte. Als Tüpfelchen auf dem i benannte man den St George's Place in Nelson Mandela Place um, sodass das damals dort ansässige südafrikanische Generalkonsulat folglich den Namen des Systemfeinds in der Adresse führen musste. 1 : 0 für Glasgow und Mandela. Der kam 1993 schließlich als freier Mann nach Glasgow und nahm die Ehrenbürger-Urkunde entgegen.

bung wurde das frühere Verlagshaus des Glasgow Herald komplett saniert und mit neuem Anbau (Aussichtsplattform im 6. Stock!) als **Lighthouse** mit Besucherzentrum und Ausstellungsflächen für Design- und Kunstschauen neu eröffnet.

Das **Herald Building** war der erste öffentliche Auftrag, den Charles Rennie Mackintosh (s. S. 107) 1893 umsetzte. Das Gebäude versah er mit Anleihen der schottischen Baronial-Architektur wie dem charakteristischen Eckturm. Heute kann man ihn über eine instagramwürdige **Wendeltreppe** erklimmen und staunt oben über den herrlichen Ausblick über die Innenstadt. Der Zugang zum Turm befindet sich im **Mackintosh Interpretation Centre,** das ausführlich über Leben, Werk und Zeit des Jugendstilstars informiert. Auch kurze Filme und Modelle seiner Gebäude bringen einem „Toshie" näher.

› 11 Mitchell Lane, Tel. 0141 2765365, www.thelighthouse.co.uk, Mo.–Sa. 10.30–17, So. 12–17 Uhr, Eintritt frei, Führung Sa. 13 Uhr, 5/3 £. Bei Druck dieses Buches war das Lighthouse aufgrund der Coronapandemie noch geschlossen. Aktuelle Infos s. Website.

8 Glasgow Central Station ★★ [F5]

In der lichtdurchfluteten Halle von Schottlands größtem Bahnhof findet man immer ein Plätzchen, um die „Kathedrale für das eiserne Pferd", wie einer der offiziellen Tourguides das beeindruckende Baudenkmal nennt, auf sich wirken zu lassen. Wenn man Glück hat, spielt gerade jemand auf dem Klavier in deren Mitte.

1879 eröffnete die Caledonian Railway Company die von Robert Rowand Anderson entworfene Central Station. Beinahe ein ganzes Stadtviertel hatte dafür weichen müssen, nichtsdestotrotz erwies sich der Bahnhof bald als zu klein. 1901 bis 1906 vergrößerten Architekt James Miller und Ingenieur Donald Matheson die Halle, erweiterten die Gleise und dehnten das Gebäude über die Argyle Street hinweg aus. Die verglaste Straßenüberführung bekam den Spitznamen **„Hielanman's Umbrella"** („des Highlanders Regenschirm"), weil sich hier die aus dem schottischen Hochland

‹ Achtung, Schwindelgefahr! Die Wendeltreppe im Lighthouse.

stammende gälischsprachige Bevölkerung Glasgows – die während der berüchtigten Highland Clearances im 18. und 19. Jh. aus ihrer Heimat vertrieben worden war – traf, um Geschichten aus alten Zeiten zu erzählen und Musik zu machen.

Auch das Bürogebäude für die Bahngesellschaft, das heutige **voco Grand Central Glasgow** (s. S. 128), wurde aufpoliert. Seine an die italienische Renaissance angelehnte Fassade an der Gordon und der Hope Street steht im Kontrast zur Stahl-und-Glas-Konstruktion des Bahnhofs mit dem riesigen Glasdach, das aus 48.000 Scheiben besteht.

Behutsame Sanierungen haben den viktorianischen Charakter der Central Station bewahrt. Die in dunklem Holz gehaltenen Kioske der Schalterhalle beherbergen heute Läden und Cafés. Bei **Führungen** geht es hinter die Kulissen, unter den Bahnhof und u. a. zu einem stillgelegten Bahnsteig vom Ende des 19. Jh.

› Gordon St, Tel. 03457 114141, www.networkrail.co.uk, Mo.–Sa. 4–0.30, So. 7–0.30 Uhr
› **Glasgow Central Tours,** www.glasgowcentraltours.co.uk, 15 £, ab 12 Jahren

9 The National Piping Centre ★★ [F4]

Kilt, Whisky und Dudelsack – fertig ist das Schottlandklischee. Dass hinter dem Instrument mehr als Folklore steckt, beweist das Piping Centre, das auch Dudelsackspieler ausbildet. Im kleinen Museum darf man sogar selbst an die Pfeife.

In einer imposanten Kirche aus dem Jahr 1872 vereint das Zentrum College, Museum, Veranstaltungsort, Hotel (s. S. 129) und Restaurant. Es wird als **Charity** geführt, jeder eingenommene Cent fließt in den Unterricht und die Erhaltung des Centre. Die Ausstellung gibt einen Überblick über die **Bauweise** und **Ursprünge des Instruments** in Asien und im Mittelmeerraum, seine Verbreitung im schottischen Hochland ab dem 14. Jh. und die Historie der Musiktradition bis heute. Zu sehen sind u. a. historische *bagpipes* und Manuskripte sowie Memorabilien berühmter Piper.

It's 5 o'clock! Zeit für Tee in einem der schönsten Tearooms der Welt: Mackintosh at the Willow.

Hear! Hear, the Pipes are calling!

1396 sollen die „bagpipes“ erstmals bei Kämpfen im Hochland mit ihrem ohrenbetäubenden Klang den Gegnern das Herz in die Hose, Pardon, den Kilt, haben rutschen lassen. Im Laufe des 14. Jh. löste der **Dudelsack** die Harfe als Hauptinstrument in der gälischen Kultur ab: Im 17. und 18. Jh. hatte jeder ordentliche Clanchef einen „piper“. In den „piping schools“ der Highlands wurde der Nachwuchs ausgebildet, als berühmteste Meister der Kunst galten die MacCrimmons auf der Isle of Skye. Die „ceol beag“ (die „kleine Musik)“ – umfasst Tänze und Märsche, während die „ceol mor“ oder „piobaireachd“ (die „große Musik“) Kämpfen und offiziellen Anlässen vorbehalten war. Nach der Schlacht von Culloden im Jahr 1746 hielten die siegreichen Engländer die Kultur der Highlands klein: Jahrelang waren Kilt, Gälisch und Dudelsack verboten. Ausgerechnet die Kriege des British Empire brachten die Wende, denn die aus den Highlands stammenden Dudelsackspieler taten Wunder für die Moral der Soldaten. Vieles, was als „typisch Dudelsack“ gilt, wie Uniformen und schnelle Marschmelodien, geht auf die Verbindung zur Armee zurück. Heute erlebt das Instrument eine Renaissance und wird im Piping College und am Royal Conservatoire of Scotland (s. S. 85) unterrichtet. Dort studierten auch die Bandmitglieder der „Red Hot Chilli Pipers“, die ihre Mischung aus traditioneller Dudelsackmusik und Rock/Pop „bagrock“ nennen. Ihre Alben erreichten Platin- und Silberstatus.

› 30–34 McPhater St, Tel. 0141 3530220, www.thepipingcentre.co.uk, **The Museum of Piping:** Mo.–Fr. 9–17, Sa. 9–13 Uhr, 4,50 £/2,50 £, Mai.–Sept. Führung Do.–Sa. 12 und Do., Fr. 14 Uhr (mit Dudelsackprobe), Führung und Audioguide im Eintritt inkl.

10 Mackintosh at the Willow ★★★ [F4]

Der einzige erhaltene Tearoom von Charles Rennie Mackintosh, den dieser 1903 von den Fenstern bis zum Dach und von der Gabel bis zur Schürze der Kellnerinnen durchdesignte, drohte 2014 geschlossen zu werden. Einer Stiftung ist seine Rettung zu verdanken.

An vier Tearooms hatte Mackintosh (s. S. 107) von 1896 bis 1917 in Glasgow für die Unternehmerin Catherine „Kate“ Cranston (1849–1934, s. S. 27) mitgearbeitet. Drei wurden im Lauf der Jahre zugemacht oder verkauft, viele Stücke der Ausstattung und Einrichtung gingen verloren. Als den **Willow Tea Rooms** dasselbe Schicksal bevorstand, gründete die Geschäftsfrau Celia Sinclair den Willow Tea Rooms Trust, kaufte das Haus und trieb Geld für die Sanierung und Rekonstruierung auf. Im Juli 2018 öffnete der Teesalon als **Mackintosh at the Willow** wieder seine Türen.

115 Jahre zuvor hatte Catherine Cranston die ersten Gäste ihres **„The Willow – Art House Tea Room“** an der Sauchiehall Street, der besten Adresse der Stadt, empfangen. „Ich möchte den schönsten Teesalon Glasgows“, lautete der Legende nach ihre einzige Arbeitsanweisung,

017cg-dr

ehe sie Mackintosh die Schlüssel und größtmögliche künstlerische Freiheit überreichte. Seine modernen Entwürfe unterschieden seine Teesalons von den vielen anderen. Einen Tee konnte man schließlich überall in der Stadt trinken gehen, hier sollte das zur künstlerischen Erfahrung werden.

Die **Fassade** des von 1860 stammenden Hauses hob Mackintosh durch die rundliche Ausbuchtung der Fenster im ersten Stock und die weiße Wandfarbe von seinen Nachbarn ab. Das verschnörkelte Schmiedewerk, die Bleiglasfenster und Mosaikfliesen erinnern an die Wiener Sezession, deren Künstler Mackintosh persönlich kannte. Das **Motiv der Weide** (engl. *willow*), das sich vom gälischen Straßennamen Sauchiehall ableitet, zieht sich durch das ganze Haus.

Raumaufteilung und der Einsatz von Licht und Farben sind typisch Mackintosh. Während der vordere Salon mit seiner hohen Decke luftig und hell wirkt, ist der hintere im Japonismus-Stil intimer. Im Zwischengeschoss befindet sich eine Galerie und im ersten Stock der kleine, einst Damen vorbehaltene **Salon de Luxe.** Höhepunkte sind die verzierte Schwingtür und das Gessopainting (Verbindung von Flachrelieftechnik und Gemäldemalerei) von Mackintoshs Ehefrau, Margaret Macdonald, über dem Kamin. An die Gentlemen wurde im zweiten Stockwerk mit dem in dunklem Holz und mit umlaufenden

MEIN TIPP

Glasgows bunte Seite

Alle lieben **Mungo** – der Stadtheilige (s. S. 34) prangt mit hipper Strickmütze und Kapuzenjacke mehrere Meter groß an einer Häuserwand an der High Street. Als der bekannte Street-Art-Künstler Smug (alias Sam Bates) den modernen Mungo 2016 sprayte, wurde er direkt in der ersten Woche 1,5 Mio. Mal in den sozialen Netzwerken geteilt. Auch Smugs Bild von **Saint Enoch** mit ihrem kleinen Sohn Mungo war 2018 sofort ein Hit. Egal, ob „The World's Most Economical Taxi" des nicht minder bekannten Künstlers Rogue-One (alias Bobby McNamara) um die Ecke des Lighthouse 7 oder die drei Bildnisse, die zu Ehren der lokalen Comedy-Legende **Billy Connolly** entstanden – die bunten Graffiti in Glasgows Innenstadt sind ein Besuchermagnet. Knapp 30 Wandbilder gehören inzwischen zum 2014 initiierten **City Centre Mural Trail.** Der Glasgow City Council übernimmt das Künstlerhonorar und sämtliche Kosten. Die Website www.citycentremuraltrail.co.uk versorgt mit Infos und einer interaktiven Karte. Zudem werden Street-Art-Führungen angeboten.

Der City Centre Mural Trail treibt's ganz schön bunt

Sitzbänken gestalteten **Billard Room** und einem Raucherzimmer gedacht.

Salon de Luxe und Billard Room sind als Teil der **Führungen** zu besichtigen. Eine Multimedia-Ausstellung im angeschlossenen **Museum** gibt einen sozialhistorischen Einblick ins Glasgow zur Zeit der Wende vom 19. ins 20. Jh. und die Teekultur, in die künstlerische Arbeit der Mackintoshs sowie die Restaurierung. Satt wird man auch: In den **Teesalons** werden Frühstück, Brunch, Mittagessen und natürlich Afternoon Tea (Reservierung empfohlen) serviert. An sonnigen Tagen lockt die Rooftop Terrace (tägl. 12–19 Uhr).

› 217 Sauchiehall St, Tel. 0141 2041903, www.mackintoshatthewillow.com, Tearooms: tägl. 10–17 Uhr, Museum: tägl. 10–16.30 Uhr (letzter Einlass), 5,50/4,50 £, Führung tägl. 9, 10, 11 Uhr, 9,50/7,50 £, Shop: tägl. 9–17 Uhr

11 Glasgow School of Art (GSA) ★★ [E4]

Im Juni 2018 stand die Glasgow School of Art zum zweiten Mal in Flammen: Erst 2014 hatte ein Brand das Mackintosh Building verwüstet. Es war detailgetreu restauriert worden und sollte im Frühjahr 2019 Wiedereröffnung feiern. Nach dem üblen Déjà-vu stand die Stadt kollektiv unter Schock. Doch man ist fest entschlossen, das geliebte „The Mack" ein zweites Mal wiederaufzubauen.

Das Hauptgebäude der 1845 gegründeten Glasgow School of Art gilt weltweit als eines der wichtigsten Bauten der Jahrhundertwende an der Schwelle vom Viktorianismus zur Moderne. Es wurde zum Markenzeichen der Stadt und deren besonderer Ausprägung des europäischen Jugendstils. Für den Architekten und

Die Teesalon-Löwin von Glasgow

Schon im 17. Jh. handelten Glasgows Kaufleute mit Tee und nicht zuletzt das „Temperance Movement", eine soziale Reformbewegung, die im 19. Jh. den grassierenden Alkoholismus eindämmen wollte, indem sie Abstinenz und Alkoholverbote propagierte, trug zur Popularität des Getränks bei. Die berühmtesten Teesalons waren die der findigen Unternehmerin Kate Cranston. Ihr Bruder Stuart „erfand" 1875 den ersten Tearoom, indem er für seine Kunden in seiner Probierstube Tische und Stühle aufstellte. Kate entwickelte die Idee weiter und stieß in eine Marktlücke: Bis 1870 gab es keine Cafés im modernen Sinne, die Gentlemen gingen in Clubs, die Arbeiter in Pubs – und die Damen leer aus. Eine viktorianische Lady ohne Begleitung in der Öffentlichkeit? Undenkbar. Nicht so in den als respektabel geltenden Tearooms, in denen es keinen Alkohol gab und die für Frauen eine neue Freiheit boten.

1878 eröffnete Cranston den Crown Tea and Luncheon Room an der Argyle Street, 1886 kam ein Teesalon an der Ingram Street hinzu, 1894 ein weiterer an der Buchanan Street. Höhepunkt war der 1903 eröffnete und heute einzige erhaltene Teesalon an der Sauchiehall Street. Die Zusammenarbeit mit Charles Rennie Mackintosh (s. S. 107) verschaffte der markenbewussten Cranston einen Wettbewerbsvorteil: Kein anderer Teesalon der Stadt war so extravagant. 1919 zog sich die erfolgreiche Unternehmerin mit 70 Jahren aus der Geschäftswelt zurück und verkaufte ihre Salons.

Designer **Charles Rennie Mackintosh** (s. S. 107) stellte es den Durchbruch und zugleich den Höhepunkt seines Schaffens dar.

Mackintosh, der selbst 1884 bis 1894 Abendkurse an der GSA besuchte, brachte den Blick für die Bedürfnisse der Studenten und Dozenten mit. Kaum ein Absolvent der Schule, der nicht von der Inspiration schwärmte, die vom Gebäude ausging, das selbst ein Kunstwerk war. Der bekannte Künstler Adrian Wiszniewski, der an der GSA studierte, fasst es so zusammen: „Das Mack ließ sich nicht in eine Schublade stecken – genauso wenig wie die Menschen, die hier studierten.“ Wohl darin lag Mackintoshs wahres Vermächtnis.

Für den Wiederaufbau nach dem Brand 2014 war jedes noch so kleine Detail des Gebäudes erforscht und dokumentiert worden. Dies wird dem neuerlichen Wiederaufbau zugutekommen, der sich nach aktuellen Plänen bis Anfang der 2030er-Jahre hinziehen wird. Ein Lichtblick: Ein Großteil der Innenausstattung und -einrichtung war zum Zeitpunkt des Unglücks noch ausgelagert und ist daher erhalten.

Nur oberflächlich vom Brand beschädigt wurde das **Reid Building** des US-amerikanischen Architekten Steven Hall gegenüber dem Mack. In sein zeitgenössisches Gebäude von 2014 integrierte er die Assembly Hall der Students' Association aus dem Jahr 1930 (Honeyman & Keppie).

› 167 Renfrew St, Tel. 0141 3534500, www.gsa.ac.uk. Das Reid Building steht Besuchern im Rahmen von Kunstausstellungen und studentischen Schauen ihrer Abschlussarbeiten offen (Mai/Juni, Aug./Sept.). Aktuelle Infos s. Website.

12 Centre for Contemporary Arts (CCA) ★★ [E4]

Die Fassade der 1865 von Alexander Thomson erbauten Grecian Chambers beschwört das antike Griechenland, doch innen pocht seit Mitte der 1970er-Jahre Glasgows Herz der Avantgarde-Kunst.

Lange Haare, schwarze Klamotten – so erinnert man sich in Glasgow an Künstler und Publikum des **Third Eye Centre**, das der schottische Dramatiker Tom McGrath 1974 gründete. Das Zentrum für zeitgenössische Kunst zog 1975 in den Thomson-Bau ein, wo es sich v. a. schottischen Künstlern und Experimentellem widmete: Hier stellten die New Glasgow Boys (s. S. 29) aus, schrieb der 2019 verstorbene Ausnahmekünstler Alasdair Gray die Neo-Renaissance der schottischen Literatur herbei und traf sich die Theater-Avantgarde.

Das Erbe des aus Geldnot geschlossenen TEC trat 1992 das **CCA** an. Sechs große Schauen werden pro Jahr kuratiert, dazu gibt es Ausstellungen in weiteren Ateliers und ein Kino. Das Angebot umfasst ein breites Programm mit Konzerten, Lesungen, Theater, Tanz, Performances, Diskussionen und insbesondere Festivals. Die Rezeption im Foyer versorgt mit Infos zur Kulturszene, der Shop **Welcome Home** (s. S. 87) verkauft Produkte schottischer Designer und der Buchladen **Aye-Aye Books** (s. S. 86) Kunstbücher. Die **Saramago Café Bar** (s. S. 74) tischt vegan auf.

› 350 Sauchiehall St, Tel. 0141 3524900, www.cca-glasgow.com, Di.–Sa. 11–24 Uhr, CCA-Galerie Di.–Sa. 11–18 Uhr, andere Galerien ggf. abweichend, Eintritt für Ausstellungen frei, Programm s. Website

Kunsterbe und Do-It-Yourself-Kultur

Untrennbar mit der Kunstszene der Stadt verbunden ist die weltweit renommierte **Glasgow School of Art (GSA)** 11, aus der zahlreiche berühmte Künstler hervorgegangen sind. Zu den größten Namen zählt Charles Rennie Mackintosh, der 1893 an der GSA auf James Herbert MacNair (1868–1955) und die Schwestern Frances (1873–1921) und Margaret Macdonald (1864–1933) traf. Als **The Four** entwickelten sie den Glasgow Style (s. S. 107), eine Form des europäischen Jugendstils. Sie waren Teil der **Glasgow School,** zu der auch die ab den 1890er-Jahren bis ca. 1910 tätigen **Glasgow Boys** und **Glasgow Girls** gehörten. Die Malerinnen und Maler wandten sich mit einem neuen Realismus vom akademischen Kunstbetrieb der Zeit ab und etablierten Glasgows Ruf als Kunststadt über Großbritannien hinaus. Zu ihnen zählen u. a. Bessie MacNicol (1968–1904), William York MacGregor (1855–1923), James Paterson (1854–1932), E. A. Atkinson Hornel (1864–1933) und James Guthrie (1859–1930).

Ausgerechnet in den 1970er- und 1980er-Jahren, als Glasgow wirtschaftlich am Boden lag, machte sich eine weitere Generation daran, den internationalen Kunstbetrieb erneut aufzurollen. Antriebskraft war eine damals wie heute ausgeprägte „Do It Yourself"-Mentalität. Kunstschaffende belebten leerstehende Fabriken und Warenlager neu, gründeten Kulturzentren wie das Third Eye Centre (s. links), die Galerie Transmission (s. S. 66) und das Glasgow Print Studio (s. S. 66) und schufen so ihre eigene Infrastruktur. Aus der Glasgow School of Art gingen die **New Glasgow Boys** hervor: Ken Currie (*1960), Peter Howson (*1958), Adrian Wiszniewski (*1958) und Stephen Campbell (1953–2007). Entgegen der vorherrschenden Pop-Art und Konzeptkunst machten sie die Figurative Malerei wieder populär.

Eine weitere Wegmarke war 1985 die Gründung des **Environmental Art Department** an der GSA: Der Studiengang war an kein bestimmtes Medium gebunden, vornehmlich der Kontext bestimmte das Werk. Absolventen wie Christine Borland, Martin Boyce, Kenny Hunter und Karla Black waren maßgeblich an der **Renaissance der Kunstszene seit den 1990er-Jahren** beteiligt, die zur Jahrtausendwende als nichts weniger als **Glasgow Miracle,** das **„Wunder von Glasgow"** betitelt wurde. Douglas Gordon (*1966) gewann 1996 den renommierten britischen Turner Prize. Es war der Auftakt einer unvergleichlichen Erfolgsgeschichte: Seither hat die Stadt am Clyde stolze acht Turner-Prize-Gewinner und zwölf Nominierte hervorgebracht.

Heute ist Glasgow als Zentrum für neue Kunst international richtungweisend. Von einem „Wunder" wollen die hiesigen Kreativen selbst indes nichts hören: Mit harter Arbeit, Eigeninitiative und guter Vernetzung haben sie eine der interessantesten Kunstszenen der Welt geschaffen und nicht nur ein Strohfeuer entfacht.

0008cg-dr

13 The Tenement House ★★ [E3]

Die Haarbürste liegt noch auf dem Waschtisch, der Kohlenbunker ist bestückt, die Gaslampen verströmen einen eigenwilligen Geruch und im Küchenschrank steht Pflaumenmarmelade. Die ist allerdings nicht mehr frisch: 1929 kochte Agnes Toward das Glas ein. Von 1911 bis 1965 lebte die Stenotypistin in dieser Wohnung in einem Haus von 1892 – und veränderte in dieser Zeit so gut wie nichts.

Wer die Messing-Türklingel im ersten Stock des **viktorianischen Tenements** (s. S. 99) betätigt, erlebt eine Zeitreise in die 1920er- und 1930er-Jahre. Die zwei Zimmer der Mietwohnung teilte sich Agnes Toward mit ihrer Mutter, die hier als Schneiderin arbeitete. Für damalige Verhältnisse wohnten sie komfortabel, das macht schon das innerhalb der Wohnung gelegene Bad deutlich. In Küche und Wohnzimmer sind ein in die Wand eingelassener Bettalkoven und ein Schrankbett erhalten. Familienfotos, Möbel und persönliche Habseligkeiten stehen und liegen noch da, wo Miss Toward sie zurückließ. Nur das Klavier ist inzwischen völlig verstimmt.

Im Erdgeschoss gibt eine **Ausstellung persönlicher Gegenstände** wie Rezepte, Briefe und Kleidung Einblick in den Alltag der Towards und illustriert das Leben der Mittelschicht. Hier erfährt man auch Wissenswertes über die Mietbedingungen und die Bauweise der Tenements sowie das soziale Miteinander in der ersten Hälfte des 20. Jh.

› 145 Buccleuch St, Tel. 0141 3330183, www.nts.org.uk, 7. Jan.–Febr. Fr.–So., März–Juni Do.–Mo., Juli–23. Dez. tägl. 10–17 Uhr, letzter Einlass 16 Uhr, 8,50/6 £

021cg-dr

☒ *Eine Zeitkapsel aus den 1920er-Jahren – The Tenement House*

14 Mitchell Library ★ [D4]

Ein Tempel für Bücher: Selbst die Stadtautobahn vor der Tür kann die majestätische Wirkung dieses Palasts mit der prominenten barocken Kuppel nicht ausbremsen.

Die Sammlung der 1906 bis 1911 errichteten Bibliothek geht auf eine Schenkung des **Tabakbarons Stephen Mitchell** im Jahr 1874 zurück.

Sie beherbergt die **Glasgow City Archives**, Quellen und Literatur zur Stadt im **Glasgow Room** und eine der größten Sammlungen an Manuskripten und seltenen Ausgaben von Robert Burns (nur mit Anmeldung). Die Bibliothek hat auch ein spannendes Veranstaltungsprogramm und ist Gastgeber vieler Festivals.

› North St, Tel. 0141 2872999, www.glasgowlife.org.uk/libraries, Mo.–Do. 9–20, Fr./Sa. 9–17 Uhr, WLAN und PC-Nutzung, Café (9–16 Uhr)

15 St Vincent Street Church ★ [E5]

Die mit ihren ionischen Säulen an einen griechischen Tempel erinnernde Kirche ist das letzte erhaltene von vier Gotteshäusern, die Alexander Thomson (1817–1875) in Glasgow baute. Aber auch an ihr nagt der Zahn der Zeit.

Das 1859 für die United Presbyterian Church erbaute Gotteshaus gilt als einer der bedeutendsten Kirchenbauten des 19. Jh. auf britischem Boden. Thomson hielt wenig von den neogotischen Schöpfungen seiner Zeitgenossen, seine Liebe galt der **klassischen Antike** und seine Gebäude zeigen griechische, ägyptische und orientalische Einflüsse, weshalb er den Beinamen „the Greek" bekam. Die St Vincent Street Church wirkt wie ein griechischer Tempel, dem ein indisch anmutender Uhrturm mit Kuppel und griechischer Urne auf der Spitze an die Seite gestellt ist. Der **Innenraum** ist mit Gelbkiefer- und Mahagoniholz gestaltet. Beeindruckend sind der Oberlichtbau, mit dem Thomson viel Tageslicht ins Innere strömen ließ, und die hohe Holzdecke.

› 265 St Vincent St, **zurzeit aufgrund eines Schadens im Innenraum geschlossen**

East End

Das East End ist der älteste Teil der Stadt: Am Flüsschen Molendinar Burn scharte St Mungo im 6. Jh. eine christliche Gemeinde um sich. Sie war die Keimzelle, aus der Glasgow entstand. Im 12. Jh. wurde eine erste Kathedrale aus Stein über dem Grab des Heiligen erbaut.

Das **historische Zentrum Glasgows** lag nicht in der heutigen Innenstadt, wie man vermuten könnte, sondern rund um die Kathedrale 16. Bereits im frühen Mittelalter verband die High Street den Kirchenbezirk mit einer Fischersiedlung am Clyde. Entlang dieser alten Straße wuchs die Stadt. Am Glasgow Cross, ihrem Südende, wurde Markt gehalten. An der High Street befand sich auch der erste Campus der 1451 gegründeten **University of Glasgow** 28. Vom mittelalterlichen Erbe sind nur **Glasgow Cathedral** 16 und **Provand's Lordship** 17 geblieben.

Im East End liegt der älteste Park der Stadt, das **Glasgow Green** 24, wo auch das sozialhistorische Stadtmuseum **People's Palace** 25 zu finden ist. Daneben zeugt heute noch das **Templeton Building** 26, in dem bis ins 20. Jh. Teppiche für Königshäuser gewebt wurden, von der industriellen Blütezeit des Stadtteils. Dass der nicht nur rosige Zeiten gesehen hat, merkt man an der einen oder anderen Ecke noch. Doch auch das gehypte **Dennistoun** gehört dazu und rund um den **Barras** 23 am Gallowgate etablieren sich immer mehr Szenebars. Familien, Studenten und Hipster schätzen die (noch) niedrigen Mieten, alternativen Cafés, unprätentiösen Pubs und historischen Delikatessläden italienischer Einwanderer. Und über allem liegt der hopfige Geruch aus mehreren Brauereien.

16 Glasgow Cathedral ★★★ [J5]

Beeindruckend wirft sich die gotische Kathedrale in Pose. 500 Jahre nachdem über dem Grab des Stadtheiligen eine Holzkirche errichtet worden war, baute man eine Kathedrale aus Stein. Sie überstand als einzige Kirche auf schottischem Festland die Reformation.

Wirkt die Kathedrale vom Cathedral Square aus noch gotisch-filigran, werden ihre wahren Ausmaße deutlich, wenn man sie umrundet oder von der benachbarten Necropolis 19 aus betrachtet: Das am Hang erbaute Gotteshaus offenbart dann seine mächtige **Unterkirche.** Dort befindet sich das Grab des 612 verstorbenen heiligen Mungo (s.S.34). Die **erste Bischofskirche** (1136), von König David I. in Auftrag gegeben, fiel einem

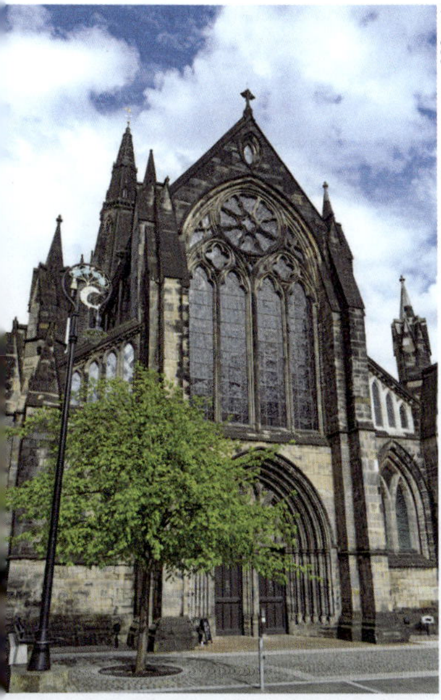

022cg-dr

Brand zum Opfer. Vom 1197 geweihten Nachfolger ist kaum etwas erhalten, lediglich eine Wand samt Pfeiler in der Unterkirche mag noch aus dem 12. Jh. sein. Maßgeblich erweitert und umgebaut wurde die Kathedrale von der Mitte des 13. Jh. bis ins 15. Jh. Das östliche Kirchenschiff mit Chor, Seitenschiffen und Presbyterium, das südliche und nördliche Querschiff, die **Blacader Chapel** und das Kapitelhaus an der Nordostecke stammen aus dieser Zeit. Auch die Unterkirche wurde vergrößert, um das Grabmal Mungos in den Bau zu integrieren und dem steten Pilgerstrom gerecht zu werden.

Ihre Blüte erlebte die Bischofskirche im 15. Jh., als sich die Diözese bis zur englischen Grenze ausdehnte. Zum Kathedralbezirk gehörten die **Bischofsburg** an der Stelle des heutigen St Mungo Museum 18, große Küchengärten und Obsthaine, das St Nicholas Hospital und mehr als 30 **Pfarrhäuser** der Chorherren, von denen nur **Provand's Lordship** 17 erhalten geblieben ist.

Alles änderte sich ab 1560 mit der **Reformation.** Bischof Beaton floh nach Frankreich, die katholischen Psalmengesänge verstummten. Dass das Gotteshaus nicht wie andernorts auseinandergenommen wurde, ist den Handwerksgilden der Stadt zu verdanken, die schützend eingriffen. Zwar musste die katholische Ausstattung Federn lassen, doch das Gebäude blieb intakt und war fortan das Zuhause von gleich drei protestantischen Gemeinden. Seit dem Scheiden des letzten Bischofs im Jahr 1689 trägt das Gotteshaus die Bezeichnung „Kathedrale“ nur noch der historischen Ehre halber.

Egal, ob man die Kathedrale durch das **Westportal** oder den **Südeingang** betritt, der Blick folgt im 32 m hohen

Mittelschiff als Erstes den über drei Etagen aufwärtsstrebenden gotischen Mauern zur kunstvollen Holzdecke (im 20. Jh. rekonstruiert). In diesem westlichen Teil der Kirche kam das Volk zusammen, während der Ostteil den Klerikern vorbehalten war. Als Trennung fungierte eine steinerne **Chorschranke** aus dem frühen 15. Jh., auf deren Balustrade Figuren die sieben Todsünden darstellen. Bis zu 14 Altäre standen an den Säulen oder in den Seitenschiffen. Sie alle mussten während der Reformation weichen. Herausragend sind die **Buntglasfenster**, die größtenteils aus dem 20. Jh. stammen – darunter „Die Schöpfung" von Francis Spear (1958) und das „Millennium Window" von John K. Clark.

Tritt man durch die Chorschranke, eröffnet sich ein schöner Blick ins östliche Kirchenschiff: Hinter den auf den Altar ausgerichteten Kirchenbänken leuchten vier Glasfenster von Francis Spear (1951), die den Evangelisten gewidmet sind. Im **Chor** und in den **Wandelgängen** sind die Schnitzarbeiten an Bänken und Chorgestühl aus dem 19. Jh., das Lesepult mit geschnitztem Adler aus dem 17. Jh., eine Bibel von 1617 und v. a. die modernen Buntglasfenster sehenswert. Sogar ein Engel mit schwarzer Hautfarbe lässt sich entdecken. Eine original aus dem 15. Jh. erhaltene Eichentür führt an der Nordostecke in die Sakristei. Dass es in der Kathedrale nicht immer friedlich zuging, bezeugen die Bleischrot-Löcher in der Tür.

In eine völlig andere Atmosphäre taucht man in der **Unterkirche** ein, dem ältesten Teil der Kathedrale. Die

Die Glasgow Cathedral trotzte standhaft der Zerstörungswut der Reformation

Filmreifes Glasgow

Die Herzen von **„Outlander"-Fans** schlagen in der Unterkirche der Glasgow Cathedral 16 höher, in der eine kleine Kapelle in der zweiten Staffel der Fantasy-Serie um Claire und ihren Highlander Jamie als Pariser L'Hôpital des Anges auftrat. Der Pollok Country Park (s. S. 93) gab sich in gleich mehreren Folgen verschiedener Staffeln wandelbar – u. a. als Burggarten für den Clansitz in den Highlands und als Kulisse für das französische Landleben bei Le Havre.

Glasgow kann aber auch US-Metropolen: Schließlich war das gitterförmige Straßennetz der Innenstadt historisches Vorbild für viele Städte der USA. So wankten in **„World War Z"** (2013) Zombies über den George Square 1 (im Film Philadelphia), und der Cast mehrerer **„The Fast and the Furious"-Teile** raste mit Autos durchs Zentrum.

Nah am Original bleiben hingegen die Filme des britischen Regisseurs Ken Loach, der in Glasgow u. a. **„Just a Kiss"** (2004) und **„The Angel's Share – Ein Schluck für die Engel"** (2012) drehte. Eine Zeitreise in die 1970er-Jahre kann man in Bill Forsythes Kultfilm **„That Sinking Feeling"** (1979) unternehmen, der mit Ensemble-Mitgliedern des Scottish Youth Theatre in Glasgow entstand.

Zuletzt wurde im City Centre nicht nur der fünfte **„Indiana Jones"-Film** („Indiana Jones and the Dial of Destiny", 2023) in Szene gesetzt, sondern es verwandelte sich auch für **„The Flash"** (2023) in Gotham City. In den Friedhofsszenen in **„The Batman"** (2022) mit Robert Pattinson als Bruce Wayne ist zudem die Necropolis 19 zu sehen.

niedrige Decke wird von einem Säulennetz gestützt und durch Fenster fällt Licht, denn aufgrund der Hanglage liegt der (fälschlicherweise) oft als Krypta bezeichnete Raum gerade noch über Bodenniveau. Das **Grabmal St Mungos** (Mitte) schmückt ein farbenprächtiger Überwurf von Malcolm Lochhead, einem Absolventen der Glasgow School of Art 11.

› Castle St, www.glasgowcathedral.org, April–Sept. Mo.–Sa. 10–12, 13–17, So. 13–17 Uhr, Okt.–März Mo.–Sa. 10–12, 13–16, So. 13–17 Uhr, letzter Einlass nachmittags 30. Min. vor Schließung, Eintritt frei, für einen garantierten Einlass wird ein kostenloses Onlineticket empfohlen. Guides der Friends of Glasgow Cathedral beantworten vor Ort Fragen und bieten kostenlose Führungen an.

Stadtheilige im Doppelpack: Mungo und Enoch

Ein Mutter-Sohn-Gespann teilt sich als Stadtheilige die Verantwortung für Glasgow. Die **heilige Enoch** kam als Prinzessin Thenew zur Welt. Schwanger nach einer Vergewaltigung wurde sie vom eigenen Vater einen Fels herabgestoßen. Sie überlebte, doch anstatt, dass man sich angesichts des Wunders eines Besseren besann, setzte man sie in einem Boot im Firth of Forth aus. Wie es Heiligen so eigen ist, überstand sie auch dies und trieb bei Culross in Fife an Land. Im Schutz der Gemeinde von Saint Serf kam ihr Sohn Kentigern zur Welt, der den Beinamen **Mungo,** „geliebter Freund“, erhielt. Der Legende nach brachte er schon als Junge ein totes Rotkehlchen wieder zum Piepen, ein andermal entzündete er mit einem Gebet einen Haselnusszweig. Als junger Priester ließ er sich in „Glaschu“, dem „lieblich grünen Tal“ nieder, dem heutigen Glasgow.

024cg-dr

Viele weitere Wunder werden dem Stadtgründer zugeschrieben, bis heute erzählt man sich jedoch, wie Mungo Königin Languoreth rettete. Die hatte ihren Ehering einem Ritter geschenkt und als König Rydderch sein Präsent am Finger des Rivalen funkeln sah, packte ihn die Eifersucht. Er stahl den Ring und warf ihn in den Fluss. Dann verlangte er ihn von der Königin zurück. In ihrer Not wandte die sich an Mungo, der einen Mönch zum Clyde schickte. Der erste Fisch, der an der Angel zappelte, war ein Lachs, der prompt den Ring ausspuckte. Wunder getan, Königinnenhals gerettet.

Rotkehlchen, Zweig und **Fisch** bilden neben einer Glocke seit 1647 offiziell das **Stadtwappen.** Die **Glocke** war ein Geschenk Papst Gregors, das Mungo von einer Pilgerreise aus Rom heimbrachte. Den vier Symbolen begegnet man in Glasgow immer wieder, sehr schön machen sie sich als Schmuck der Laternen am Cathedral Square [J5].

17 Provand's Lordship ★★ [J5]

Das älteste erhaltene Wohnhaus der Stadt stammt aus dem 15. Jh. und lässt mit seinen knarrenden Böden und historischen Möbeln ein Stück Stadtgeschichte lebendig werden.

Das Haus aus dem Jahr 1471 gehörte ursprünglich zum Kathedralbezirk und diente dem **Leiter des St Nicholas Hospital**, eines Armenspitals, und später mehren **Chorherren** als Amtssitz und Unterkunft. Wie die im 15./16. Jh. hier lebten, zeigen heute **rekonstruierte Räume** und eine **Ausstellung.** Auch eine beeindruckende Sammlung von Möbeln und Buntglasfenstern aus dem 17. Jh. ist zu sehen.

Nach der Reformation ging Provand's Lordship in den Privatbesitz des letzten Chorherren des Pfarrbezirks Provan über und trat als Wohn- und Geschäftshaus eine wechselvolle Geschichte an: Hier wurde im Lauf der Zeit z. B. Bier gebraut und im Pub ausgeschenkt, außerdem gingen Gemüse, Tabak und zuletzt Süßigkeiten über die Ladentheke.

1904 gründete sich die Provand's Lordship Society, um das Haus für die Nachwelt zu erhalten. Einen Einblick in die mittelalterliche Welt der Kräuter und Heilpflanzen erlaubt der 1995 angelegte **St Nicholas Garden.**

› Castle St, Tel. 0141 2761625, www.glasgowlife.org.uk/museums, Di.–Do., Sa. 10–17, Fr., So. 11–17 Uhr, Eintritt frei, **wegen Renovierung voraussichtlich bis Sommer 2023 geschlossen**

Das Rotkehlchen verrät's: Mutter und Baby, die der australische Street-Art-Künstler Smug fotorealistisch an einer Hauswand an der Ecke George und High Street verewigte, sind Enoch und Mungo

18 St Mungo Museum of Religious Life and Art ★★ [J5]

Wo im Mittelalter die Burg der Glasgower Bischöfe stand, wirbt seit 1993 ein innovatives Religionsmuseum für Toleranz und Respekt – egal, ob oder woran man glaubt.

Äußerlich eine Reminiszenz an die Tower-House-Architektur des alten Bischofssitzes, sind in der **Gallery of Religious Art** sakrale Kunst und Exponate wie zum Beispiel eine Totemdecke amerikanischer Ureinwohner, türkische Gebetsteppiche, Buddhas und eine Figur des tanzenden Hindugottes Schiva Nataraj ausgestellt.

Die **Gallery of Religious Life** führt in Rituale, Traditionen und heilige Texte des Christentums, Judentums, Islams, Hinduismus, Buddhismus und Sikhismus ein und beleuchtet die Rolle von Religion im Alltag der Menschen von der Geburt bis zum Tod. In Video- und Tonaufnahmen erklingen Gebete und Gläubige erzählen aus ihrem religiösen Leben. Im dritten Stock überrascht der Blick durch ein großes Panoramafenster auf die Kathedrale 16 und die Necropolis 19.

Die **Scottish Gallery** verrät, was die Schotten glaubten und glauben: von vorchristlicher und keltischer Zeit hin zu Katholizismus und Protestantismus und der Gegenwart. So geht die Ausstellung „New Scots" auf die Kulturen und Religionen ein, die Geflüchtete in ihre neue Heimat Glasgow mitgebracht haben.

Schließlich kann man im **Zen-Garten** bei einem Getränk die Seele baumeln lassen.

› Castle St, Tel. 0141 2761625, www.glasgowlife.org.uk/museums, Mo.–Do., Sa. 10–17, Fr., So. 11–17 Uhr, Eintritt frei, mit Café

19 Glasgow Necropolis ★★★ [J5]

Mit seiner „Stadt der Toten" eiferte das reiche viktorianische Bürgertum Glasgows dem Pariser Friedhof Père Lachaise nach. Der Anstieg auf den Fir Hill wird lebendigen Besuchern mit einem Spitzenblick auf die Kathedrale 16 und über Glasgow versüßt.

Vom Cathedral Precinct führt der Weg durch das schmiedeeiserne Haupttor über die 1834 von David Hamilton errichtete **Bridge of Sighs.** Der Name „Seufzerbrücke" soll auf die Trauerschar, die den Leichenzügen folgten, zurückgehen – zum Humor der Glaswegians passt eher die Geschichte, dass die Sargträger ergeben seufzten, ehe sie ihre Fracht schulterten und den Berg hinaufächzten.

Anfang des 19. Jh. platzten die Friedhöfe aus allen Nähten – Glasgows Bevölkerung war schnell gewachsen und lebte zum Teil in Slums, in denen Cholera und Typhus grassierten. 1831 beschloss man, den bis dato als Park genutzten Fir Hill zum Gartenfriedhof umzugestalten. Offiziell wurden hier **ca. 50.000 Tote** bestattet, vermutlich sind es sogar mehr. Das erste Begräbnis auf dem überkonfessionellen Friedhof war 1832 das eines jüdischen Juweliers, 1833 fand die erste christliche Beerdigung statt.

Berühmt ist die Necropolis v. a. für ihre **rund 3500 Grabmonumente,** wuchtigen Mausoleen und Grabskulpturen – ganze Heerscharen von Engeln bevölkern den Gottesacker. Die Namen auf den Gräbern lesen sich wie ein „Who is who" Glasgows im 19. Jh.: Tabakbarone, Künstler, Wissenschaftler, Society-Größen. Von einer Säule an der höchsten Stelle blickt der Reformator John Knox auf die Stadt, deren Kathedrale seinen Brandreden trotzte.

Bis Ende des 19. Jh. wuchs der Friedhof auf 15 ha. Inzwischen passt kein Grab mehr zwischen die Reihen, nur wessen Familie bereits eine Gruft besitzt, hat Chancen, hier begraben zu werden.

Man kann sich einfach treiben lassen oder einer mit Anekdoten gespickten **Führung** der Friends of the Necropolis anschließen.

- Castle St, tägl. 8–16.30 Uhr, Eintritt frei
- Friends of Necropolis: www.glasgownecropolis.org, Führungen s. Website, Vorabbuchung notwendig, Spende erbeten

20 Tennent's Wellpark Brewery ★★ [J5]

Kaum ein Pub im Land, an dem nicht das rote „T“ von Tennent's prangt. Die Geschichte des bekanntesten Lagers Schottlands lässt sich bis ins Jahr 1885 zurückverfolgen, als Brauereibesitzer Hugh Tennent nach einem Besuch in Bayern mit der Idee für ein neuartiges Bier nach Hause zurückkehrte.

Zunächst als „madman's dream“ verschrien, ist der Rest heute Bier-Geschichte. Die Liaison zwischen dem Tal, durch welches das Flüsschen Molendinar plätscherte, den Tennents und dem Bier begann aber viel früher. Der erste Tennent, der hier braute, war ein gewisser Robert, der schon 1556 in der Mitgliederliste der Brauergilde auftaucht. Seine Nachfahren gründeten 1740 die Brauerei **H&R Tennent**, die in der zweiten Hälfte des 18. Jh. als **Wellpark Brewery** expandierte. Ab 1784 standen John und Robert als „Brauer und Mälzer“ in Glasgows Handelsregister. Die Brauerei ist somit das älteste heute noch tätige Unternehmen der Stadt.

Mehr zur Geschichte der Brauerfamilie, Anekdoten und Fakten zur Firmengeschichte erfährt man im innovativen **Besucherzentrum**. Die **Tennent's Brewery Tour** führt über das Gelände, vorbei an riesigen mit Graffiti verzierten Tanks bis zur Ab-

MEIN TIPP

Drygate Brewery: Hier sitzt niemand auf dem Trockenen

Am „Weg der Priester“ *(drygate,* aus dem Altnordischen) zur Kathedrale braute einst Tennent's 20. Die Brauerei half dem Craftbeer-Start-up Drygate 2014 auch finanziell auf den Weg. Seinen Sitz hat es in einem Fabrikgebäude aus den 1960er-Jahren, das im Industrial Chic aufgemöbelt wurde und mit modernem Brasserie-Pub, der Peaks Bar, Biergarten, gut sortiertem Craftbeer-Laden und Brauereiführungen einiges zu bieten hat. Im Gastraum kann man mehr als 20 Drygate-Biere vom Hahn oder aus der Flasche probieren und den Profis in der gläsernen Brauerei bei der Arbeit zuschauen.

4 [J5] **Drygate Brewing Co.** ££, 85 Drygate, Tel. 0141 2128815, www.drygate.com, So.–Di. 11–23, Mi.–Sa. 11–24 Uhr, Brauereiführung So. 13, 15, 17 Uhr, inkl. Verkostung von vier Stammbieren 20 £, Sa. Tastings (vorherige Buchung notwendig)

013cg-dr

Im Sonnenschein gar nicht gruselig: Glasgows Nekropole

füllanlage. Neben Details zum Brauprozess erfährt man, dass das verwendete Wasser aus dem Loch Katrine in den Highlands in seiner mineralischen Zusammensetzung dem in Bayern ähnelt, welche Biere hier gebraut werden und dass pro Minute 2000 Dosen vom Band rattern. Damit das alles keine Trockenübung bleibt, gibt es am Ende in der hauseigenen Bar ein Pint. Die Bar ist übrigens frei zugänglich und schenkt auch Stout, Scotch Ale und Whisky Oak Beer aus dem Hause Tennent's aus. Wer hier auf den Geschmack kommt, kann die Brauereiführung mit der „Craft Beer Masterclass" kombinieren.

› 161 Duke St, Tel. 0141 2027145, www.tennentstours.com, Mi.–So. 8–20 Uhr, Eintritt frei, Brauereitour Mi.–So. (1 Std., genaue Zeiten s. Website), 12,50/9 £, ab 12 Jahren, 12- bis 18-Jährige nur in Begleitung Erwachsener, Kombipakete mit anderen Tourveranstaltern siehe Website

21 Tolbooth Steeple und Mercat Cross ★ [H6]

Am Glasgow Cross, wo die ältesten Straßen der Stadt – High Street, Trongate, Gallowgate und Saltmarket – aufeinandertreffen, reckt sich der **Turm** des 1626 bis 1634 erbauten Tolbooth auf eine Höhe von 48 m. Der Tolbooth Steeple ist alles, was von einem einst mächtigen Gebäude blieb, das Rathaus, Gericht und Gefängnis vereinte.

Jenseits der Verkehrsinsel markiert die **Nachbildung eines Marktkreuzes** den Ort, wo im Mittelalter Proklamationen gemacht, Märkte und Versammlungen abgehalten wurden. Auf seiner Spitze sitzt ein Einhorn, Schottlands Nationaltier.

22 St Andrew's in the Square ★★ [H6]

Dieser Anblick überrascht: Biegt man hinter der düsteren Eisenbahnbrücke an der Saltmarket Street mit ihrem brausenden Verkehr und der viktorianischen Bebauung um die Ecke, steuert man geradewegs auf dieses klassizistische Kleinod an einem lichten Platz zu. Die Kirche der Tabakbarone zählt zu Schottlands bedeutendsten Sakralbauten.

In der ersten Hälfte des 18. Jh. war Glasgow wirtschaftlich im Aufwind und der Stadtrat beschloss den Bau einer repräsentativen Kirche. 1739 begannen die Arbeiten nach einem **Entwurf von Allan Dreghorn,** der sich an James Gibbs' St Martin-in-the-Fields in London orientierte.

1756 eröffnete der steingewordene Bürgerstolz, mitfinanziert durch Spenden reicher Tabakbarone (s. S. 18). Besonders schön ist die **Frontansicht** mit dem Säulengang und Giebel samt Stadtwappen sowie dem darüber aufragenden Turm. Im Inneren beeindrucken die mit Goldapplikationen verzierte Gewölbedecke, die korinthischen Säulen und das Buntglasfenster der Ostwand.

Bis 1774, als der St Andrew's Square und die georgianischen Villen um die Kirche herum entstanden, lag das Gotteshaus idyllisch inmitten von Wiesen und Obstgärten vor den Toren der Stadt. Doch im 19. Jh. entwickelte sich das East End zum übervölkerten Industriemoloch, die Reichen zogen gen Westen, die Gegend verfiel. Aus Mangel an Geld und Gläubigen gab die Church of Scotland das Gebäude 1993 ab.

Der **Glasgow Building Preservation Trust** (www.gbpt.org) ließ die Kirche detailgetreu restaurieren. Zuletzt be-

029cg-dr

trieb eine Stiftung hier ein beliebtes Veranstaltungszentrum und das Centre of Scottish Culture. Aktuell werden neue Mieter gesucht.

› 1 St Andrew's Square

23 The Barras ★★ [J6]

Bummeln, gucken, stöbern, hier ein Plausch, dort ein Kaffee und jede Menge Schnäppchen – am Wochenende erwacht die Flohmarkt-Institution The Barras zum Leben.

Den **Barrowland Market,** kurz Barras, gründete in den 1920er-Jahren die findige Obstverkäuferin **Margaret McIver**: Sie vermietete Straßenverkäufern *barrows* (Handkarren, in Glasgower Dialekt *barras)* für ihre Marktfläche in Calton. 1926 ließ sie diese überdachen und im Laufe der Jahre entwickelte sich der Barras zu einem der größten (Floh-)Märkte Europas mit bis zu 150 Läden und 1000 Ständen.

⌃ *Schon fast ein eigener Stadtteil: Der Barras erlebt eine Renaissance*

Nach Jahren des schleichenden Niedergangs hauchte ein städtisches Förderprogramm dem alten Marktgelände neues Leben ein, das seitdem Kreative, junge Unternehmen und Gastronomie anzieht. Heute kann man sich herrlich treiben lassen und einem authentischen Stück Glasgow vergangener Tage nachspüren. Ob Zahn- oder Klobürste, Vinyl-Rarität oder Kassette, Erstausgabe oder Schundroman – this is the place! Während an der einen Ecke alte Rasenmäher, Sättel und Rollatoren angeboten werden, gibt es an der anderen nachhaltige Mode und hippe Kunstdrucke. Sogar die Karten kann man sich bei „Becca's Tarot Parlour" legen lassen. Für Vintage-Schätzchen und ein Schwätzchen mit den Verkäufern lohnt **Randall's Antiques** (s. S. 89).

Dass der Barras im 21. Jh. angekommen ist, hat auch das **Barras Art and Design (BAaD)** mitzuverantworten. Junge Kreative möbelten eine der alten Markthallen auf, in der heute nicht nur Designer und kleine Unternehmen ihren Sitz haben, sondern mit der auch ein schöner Rahmen für

Konzerte, Lesungen, Fußball-Rudelgucken und Festivals, eine Bar und das Restaurant **MOdD Food** geschaffen wurde. Kunstvoll aufgestapelte Schiffscontainer bilden den **Backyard,** wo Lifestyle-, Kulinarik- und Designmärkte stattfinden und man sehr entspannt einen Kaffee oder ein Bier trinken kann. Neuester Zugang der BAaD-Familie ist das winzige **Scran n' Swally** (Sa./So. 10–18 Uhr) mit Snacks, Kaffee und Craftbeershop. Nebenan hat die **Crossbill Distillery** (www.crossbillgin.com) samt Gin School ihren Sitz, wo man Kurse belegen, Gin verkosten und natürlich kaufen kann.

› **The Barras,** 244 Gallowgate, www.barrasmarket.com, Sa., So. 10–16 Uhr
› **BAaD,** 54 Calton Entry, www.baadglasgow.com, Do., Fr. 17–23, Sa. 10–24, So. 10–20 Uhr

24 Glasgow Green ★★ [H7]

570 Jahre auf der Grasnarbe und immer noch saftig grün: Der älteste Stadtpark Glasgows lockt Alt und Jung beim ersten Sonnenstrahl ins Freie. Auf 55 ha ist aber auch für alles gesorgt: Wiesen zum Liegen, Wege zum Spazieren, Bänke zum Ausruhen und Spielplätze für die Kids.

Von alters her nutzten die Menschen das Land als Tierweide, zum Wäschewaschen, Fischen und als Badestelle. Als Glasgow königliche Stadtrechte erhielt, schenkte Bischof William Turnbull 1450 das Land offiziell den Bürgern. Noch bis in die 1970er-Jahre flatterten frisch gewaschene Bettlaken vor dem People's Palace 25 im Wind, man spielte Fußball, Golf und Cricket und bei einem Spaziergang kam dem Ingenieur James Watt angeblich eine zündende Idee für seine Dampfmaschine. Auch als politischer **Versammlungsort** war (und ist) das Glasgow Green beliebt. Heute steht der Park v. a. im Zeichen der **Naherholung** und **großer Konzerte.**

Das auffälligste von zahlreichen Denkmälern ist das von David Hamilton entworfene **Nelson Monument,** eine 44 m hohe Säule für Horatio Nelson. Sie war 1806 das erste öffentliche Denkmal für den in der Schlacht von Trafalgar getöteten Admiral.

25 People's Palace ★★★ [J7]

Rund 750.000 Besucher zählte der 1898 eröffnete „Volkspalast" im ersten Jahr. Die viktorianischen Stadtväter wollten der hart schuftenden Bevölkerung jenseits von Fabrik, enger Wohnung und Pub etwas Gutes tun und schufen ein Kulturzentrum mit Bibliothek, Museum, Wintergarten und Konzertsaal. Heute wird hier ein Stück Stadtgeschichte erzählt.

038cg-dr

MEIN TIPP

Grande Dame mit Charakter

The Clash, U2, The Cure, Oasis, Amy Macdonald, Bob Dylan, David Bowie, Metallica und Britney Spears – sie alle waren hier. Schottische Bands witzeln, man könne nach einem Gig im **Barrowland Ballroom** Gitarre und Mikro an den Nagel hängen, schließlich habe man nun alles erreicht. Die „Grande Dame" der Glasgower Konzertbühnen wurde 1934 von der Barras-Chefin Margaret McIver (s. S. 39) als Veranstaltungssaal für Weihnachtsfeiern erbaut und war in ihrem ersten Leben eine der beliebtesten *dance halls* der Stadt.

1960 eröffnete der Barrowland Ballroom nach einem Feuer frisch renoviert mit der heute weltberühmten Neon-Leuchtreklame an der Fassade und zog mit seinem speziellen Schwingboden v. a. Rock-'n'-Roll-Tänzer an. Als mit dem Ende der Tanzpaläste-Ära auch dem Ballroom die Luft auszugehen drohte, drehten 1983 die Simple Minds hier für ihr Video „Waterfront" einen Konzertmitschnitt und traten so seine Wiedergeburt als Livemusikbühne los. Die Akustik ist wie für Konzerte gemacht und der Boden lässt das Publikum mühelos mitwippen. David Bowie soll hier einst einen Dekostern, der sich aus dem Deckenschmuck gelöst hatte, aufgefangen und als Souvenir mitgenommen haben. Die Story hat der Magie des Ortes natürlich keinen Abbruch getan.

5 [J6] **Barrowland Ballroom,** 244 Gallowgate, http://barrowland-ballroom.co.uk

Wie lebten, wohnten und arbeiteten die Glaswegians in den letzten 250 Jahren? Wie verbrachten sie ihre Freizeit, wo kauften sie ein, worüber lachten sie? Solche Fragen beantwortet eine **sozialhistorische Ausstellung**, die alle Mittel der modernen Museumspädagogik nutzt. Themenschwerpunkte sind u. a. die **Wohnverhältnisse** in den für Glasgow typischen Tenements (s. S. 99), in den durch die Bevölkerungsexplosion im 19. Jh. entstandenen Slums und den Hochhaussiedlungen des 20. Jh. Eine nachgebaute Einzimmerwohnung, *single end* genannt, zeigt, wie beengt Familien mit bis zu zehn Personen in den 1930er-Jahren wohnten.

Der Alltag vergangener Zeiten beschwören auch der Milchladen **„Buttercup Dairy"** vom Anfang des 20. Jh. und ein **steamie** – die Waschhäuser wurden in Glasgow noch bis in die 1990er-Jahre genutzt. Verbrechen, Sklavenhandel, Gewerkschaftsgeschichte, Glasgow in den Weltkriegen, Ferien am Clyde und die Liebe der Glaswegians zum Tanz und ihren *ballrooms* sind weitere Themen. Der historische **Wintergarten** an der Rückseite wird saniert und ist bis auf Weiteres nicht zugänglich.

Vor dem Sandsteinpalast plätschert der **Doultain Fountain**, der größte aus Terrakotta gefertigte Brunnen der Welt. Das 1888 für die Great Exhibition entstandene Bauwerk beeindruckt mit 13 m Höhe und einer beinahe lebensgroßen Figurenschar, die u. a. für die ehemaligen Kolonien des Empire stehen. Von der Spitze grüßt Queen Victoria mit Krone, Zepter und Reichsapfel.

› Glasgow Green, Templeton St, Tel. 0141 2760788, www.glasgowlife.org.uk/museums, Mo.–Do., Sa. 10–17, Fr., So. 11–17 Uhr, Eintritt frei

Es grünt so grün im Glasgow Green – und das schon seit fast 600 Jahren

26 Templeton Building ★ [J7]

Was macht der venezianische Dogenpalast in Glasgow? Er umgeht die Auflage der Stadt, dass im Glasgow Green kein Gebäude entstehen dürfe, das wie eine Fabrik aussieht. Als der reiche Unternehmer James Templeton seine **Teppichfabrik** erweitern wollte, wählte Architekt William Leiper daher den prächtigen Dogenpalast als Vorlage für den Fabrikbau (1892). Außen hui, innen Sweatshop à la 19. Jh.: Hier webten auch gerade erst 14-jährige Mädchen im Akkord Teppiche für die „Titanic", das House of Commons in London und diverse Königskrönungen. 1979 schloss das Werk. Ins sanierte Gebäude ist die **WEST Brewery** (WEST on the Green, s. S. 82) eingezogen, wo nach deutschem Reinheitsgebot gebrautes Bier ausgeschenkt wird.

› Glasgow Green, Templeton St

West End

Hochrangige Kunst, weitläufige Grünflächen, Theater in Kirchen, Vintage und Vinyl in kleinen Läden und einer der kulinarischen Hotspots: Ein Bummel durch das West End ist eins der schönsten Glasgow-Erlebnisse.

Es geht spürbar entspannter zu als in der Innenstadt und schon mittags kann man bei einem Pint in der Kulturkirche **Òran Mór** (s. S. 48) Theater gucken oder die Seele in den **Botanic Gardens** 31 bzw. dem **Kelvingrove Park** (s. S. 92) baumeln lassen. Große Kunst zeigt die sensationelle **Kelvingrove Art Gallery & Museum** 27, deren barocker Bau neben der neogotischen **University of Glasgow** 28 und den im Abendlicht rot schimmernden Tenement-Sandsteinbauten Architekturakzente setzt. An der Byres Road und der Great Western Road mit ihren vielen Boutiquen, Cafés und Kneipen geht es studentisch-lässig zu.

Foodies haben am sogenannten **Finnieston Strip** – entlang des westlichen Ausläufers der Argyle Street [B3–C4] zwischen Finnieston Street und der Kreuzung mit der Sauchiehall Street – die Qual der Wahl und können sich in einer der innovativsten Gastroszenen des Königreichs einmal quer um den Erdball essen und trinken. Danach geht's in den Pub, wo fast jeden Abend schottisch-irische Livemusik pure Lebensfreude versprüht.

27 Kelvingrove Art Gallery & Museum ★★★ [B3]

Diese Sammlung sucht ihresgleichen: Flämische Meister, französische Impressionisten, Werke der Glasgow School und wertvolle Mackintosh-Interieurs finden sich neben Sir Roger, the Elephant, einer echten Spitfire und vielen weiteren Exponaten zur lokalen Geschichte.

Mit seinen Türmen, Kuppeln, Spitzdächern, Balustraden und Skulpturen wirkt das Heim der städtischen Kunstsammlung im **Kelvingrove Park** wie ein Märchenschloss aus rotem Sandstein. Für die **International Exhibition 1901** durfte es extravagant sein und so ließ sich das Londoner Architektenduo Simpson & Allen von südeuropäischen Einflüssen inspirieren. Der Augenschmaus geht in der barock anmutenden Haupthalle mit ihrer hohen Gewölbedecke weiter. Und ja, das ist eine Orgel an der Nordwand (Konzert Mo.–Sa. 13 Uhr, So. 15 Uhr).

Von der Haupthalle gehen zwei symmetrische Flügel ab: Im westlichen Museumsteil beschäftigen sich naturkundliche, geschichtliche und archäologische Ausstellungen mit dem Thema **Life** („Leben"), die östlichen Galerien widmen sich unter dem Motto **Expression** („Ausdruck") der Kunst. Zu welchen emotionalen Ausdrücken menschliche Gesichter fähig sind, zeigt die Installation **„Floating Heads"** von Sophie Cave im East Court. In den Gemäldegalerien im Ostflügel hängen Meisterwerke von van Gogh, Rubens und Rembrandt. Monet und Renoir vertreten die französische Malerei und als Star der Sammlung hält Salvador Dalís „Christus des hl. Johannes vom Kreuz" in einem eigenen Raum Hof.

Ein Fokus liegt zudem auf schottischen Künstlern und der **Glasgow School:** Neben Gemälden der berühmten Porträtisten Henry Raeburn und Allan Ramsay findet sich die weltweit größte Sammlung der **Glasgow Boys** (s. S. 29). Zu sehen sind u. a. „Old Willie"(1886) von James Guthrie und „Japanese Lady with a Fan" (1894) von George Henry. Die Künstlergruppe positionierte sich Ende des 19. Jh. mit ihrem frischen Realismus gegen romantisierende Darstellungen Schottlands in der Kunst.

Eine weitere Galerie widmet sich den Werken der **Scottish Colourists** Samuel J. Peploe, Francis C. B. Cadell, Leslie Hunter und John Duncan Ferguson, die sich Anfang des 20. Jh. vom französischen Post-Impressionismus inspirieren ließen. Mit dem Arts and Craft Movement und den Glasgow Four um Charles Rennie Mackintosh (s. S. 107) beschäftigt sich **Mackintosh and the Glasgow Style.** Hier sind Teile des Interieurs der abgerissenen Ingram Tea Rooms, weitere Möbel und das Gessopainting „The May Queen" (1900) von Margaret Macdonald Mackintosh zu sehen. Bereichernd sind die Erklärungen, die das jeweilige Kunstwerk historisch einordnen und auf besondere Stilelemente hinweisen. Eine erfrischende Art, große Kunst zugänglich zu machen.

Im Atrium des West Court schwebt zum Auftakt der naturkundlichen und

Kunst und Architektur können sich in der Kelvingrove Art Gallery & Museum locker das Wasser reichen

032cg-dr

geschichtlichen Ausstellungen ein Flugzeug über den Köpfen der Besucher – eine **Spitfire LA198** von 1944. In den Räumen tummeln sich **ausgestopfte Tiere**, deren Lebensräume im ewigen Eis, der Wüste oder der Tiefsee vorgestellt werden. Hier begegnet man auch dem Elefanten **„Sir Roger"**, der vor mehr als 100 Jahren im Glasgower Zoo lebte, und erfährt etwas über die heimische Fauna und Flora. Die Geschichte der Menschen kommt ebenfalls nicht zu kurz: Die **Glasgow Stories** erzählen Stadtgeschichte vom 16. Jh. bis heute, darüber hinaus geht es u. a. zu den frühen Siedlern Schottlands, ins Alte Ägypten und in den Regenwald.

› Argyle St, Tel. 0141 2769599, www.glasgowlife.org.uk/museums, Mo.–Do., Sa. 10–17, Fr., So. 11–17 Uhr, Eintritt frei, an vielen Tagen um 11 und 14.30 Uhr kostenfreie Führungen durch Ehrenamtliche, mit Café

034cg-dr

28 University of Glasgow ★★★ [B3]

Bei einem Spaziergang über den Campus der rund 570 Jahre alten Hochschule fühlt man sich in einen „Harry Potter"-Film versetzt. 1870 zog die viertälteste Universität Großbritanniens in das märchenhafte Gebäudeensemble im neogotischen Stil.

König James II. und Bischof William Turnbull gelten als die Väter der Universität. Per Papstbulle stimmte 1451 Nikolaus V. der Gründung zu. Die anfangs 24 Studenten wurden zunächst u. a. im Kapitelhaus der Kathedrale 16 im East End unterrichtet. 1460 entstand dort an der High Street ein Campus, der 90 Jahre später erweitert wurde. Doch als die Altstadt im 19. Jh. zum überbevölkerten Slum verkam, schaute auch die prestigeträchtige Universität nach Westen: 1868 wurde der Grundstein auf dem Gilmorehill über dem River Kelvin gelegt und zwei Jahre später zog eine feierliche Fackelprozession aus Studenten und Dozenten ihrem neuen Heim entgegen.

George Gilbert Scott schuf das Hauptgebäude im neogotischen Stil, auf diese Weise täuscht es spielend über seine relative Jugend hinweg. Nach dem Westminster-Palast ist das **Gilbert Scott Building** der zweitgrößte Bau des Gothic Revival in Großbritannien. Sehenswert sind die beiden Innenhöfe – **East Quad and West Quad** –, die durch das atmosphärische Kreuzganggewölbe **The Cloisters** verbunden sind. Absolventen lassen hier die Sektkorken knallen,

Kein Elfenbeinturm: Schon mehr als 500 Jahre vermittelt man an der University of Glasgow Wissen

Mein Tipp

Versteckte Schätze

Typisch für Glasgow sind die *back lanes*, abseits der Hauptstraßen liegende Gässchen. Durch eine enge Hofeinfahrt gelangt man z. B. von der Argyle Street in die **Hidden Lane:** In quietschbunten Häusern im Hinterhof arbeiten Künstler, Musiker und Designer, bieten Läden Kunst, Schmuck und Ausgefallenes und braut die Hidden Lane Brewery (www.hiddenlanebrewery.com) ihr Craftbier. Der süße **Hidden Lane Tea Room** (s. S. 77) lohnt eine Pause.

●6 [C4] **The Hidden Lane,** 1103 Argyle St, www.thehiddenlaneglasgow.com, jeweilige Öffnungszeiten s. Website

039cg©Glasgow Life

Ebenfalls versteckt liegt die kulinarisch verheißungsvolle **Ashton Lane** [B2]. Nachdem sich hier vor ca. 40 Jahren das gastronomische Urgestein Ubiquitous Chip (s. S. 73) niederließ, entwickelte sich die schmale Kopfsteinpflasterstraße zur Pub- und Restaurantmeile. Und die ist keineswegs eine Touristenfalle, sondern beliebte Ausgehmeile vieler Glaswegians – u. a. Brel (s. S. 81), die Innis & Gunn Beer Kitchen (s. S. 81) und das Kino The Grosvenor (s. S. 85) sind hier zu finden. Auch die **Ruthven Lane** [A/B2], wo es mit dem Hanoi Bike Shop (s. S. 75) eines der populärsten vietnamesischen Restaurants der Stadt, aber auch Vintage-, Platten- und Designläden gibt, ist einen Abstecher wert.

Ein Leckerbissen in jeder Hinsicht: die hübsche Ashton Lane

nachdem sie in der darüber gelegenen **Bute Hall**, gestiftet vom 3. Marquess of Bute (s. S. 62), ihre Abschlusszeugnisse erhalten haben.

Einen Blick lohnt auch die in die Westfront des Hauptgebäudes integrierte **Memorial Chapel,** in der jeder heiraten darf, der an der Uni studiert oder gelehrt hat. An der Südwestecke des Komplexes wurde eine **originale Treppe** aus dem Jahr 1690 vom alten East-End-Campus Stein für Stein wieder aufgebaut. Löwe und Einhorn, die Wappentiere Englands und Schottlands, schmücken sie als Zeichen der Einheit beider Königreiche.

Vor der Kirche liegt der **Professors' Square**, in dessen viktorianischen Häusern einst die zwölf Professoren, die die Hauptfächer unterrichteten, mit ihren Familien wohnten. Heute haben hier verschiedene Fakultäten ihren Sitz, im früheren Rektorenhaus werden u. a. Empfänge veranstaltet. In der Nr. 11 lebte der Physiker **William Thomson** (1824–1907), besser bekannt als **Lord Kelvin.** Er war mit zehn Jahren der jüngste Student der Universität, an der er als 22-Jähriger Dozent für Naturphilosophie (Physik) wurde. Zahlreiche Erfindungen gehen auf ihn zurück, die Temperatureinheit Kelvin ist nach ihm benannt, außerdem war er an der Entwicklung des Transatlantikkabels beteiligt und stattete 1881 sein Haus als eines der ersten weltweit komplett mit elektrischem Licht aus. Weitere berühmte Alumni der „UofG“ waren der „Vater der Nationalökonomie“ **Adam Smith** (1723–90) und Fernsehpionier **John Logie Baird** (1888–1946), zu den Dozenten gehörte der „Vater der antiseptischen Chirurgie“ **Joseph Lister** (1827–1912).

Vom Fahnenmast vor der Südfassade des Hauptgebäudes hat man einen herrlichen Blick über den Kelvingrove Park bis zum Clyde.

› University Ave., www.gla.ac.uk, ausgezeichnete Führungen (ca. 1 Std.) Di.–So. 14 Uhr, www.glasgowunisrc.org/services/historical-tours, 10/8 £

29 Hunterian Museum ★★ [B3]

Ein Vermächtnis für künftige Generationen: Der Arzt und Anatomieprofessor William Hunter hinterließ seiner Alma Mater eine umfangreiche Gemälde-, Münz- und naturkundliche Sammlung – willkommen im ältesten öffentlichen Museum Schottlands.

Als die Universität 1870 mit Sack und Pack ins West End zog, fanden sich auf den vollbeladenen Pferdewagen auch römische Artefakte, wissenschaftliche Instrumente, eine anatomische Sammlung und ausgestopfte Tiere. Sie gehörten zum 1807 an der University of Glasgow eröffneten Hunterian Museum – gestiftet von **William Hunter** (1718–1783). Er kam in Lanarkshire als Sohn eines Bauern auf die Welt, studierte in Glasgow Medizin und stieg in London zum renommierten Arzt auf. Reich, berühmt und mit jeder Faser Wissenschaftler häufte der Anhänger der schottischen Aufklärung riesige **naturwissenschaftliche und anatomische Sammlungen, Mineralien, Fossilien** und **historische Artefakte** (z. B. aus der Römerzeit) an, die heute in beeindruckenden Räumlichkeiten im Nordflügel des East Court ausgestellt sind. Ein Teil des Museums beleuchtet **bahnbrechende Erfindungen**, die in Glasgow gemacht wurden.

› **Hunterian Museum**, Scott Building, University of Glasgow, University Ave, Tel. 0141 3304121, www.gla.ac.uk/hunterian/visit/ourvenues, Di.–So. 10–17 Uhr, Eintritt frei

30 Hunterian Art Gallery und Mackintosh House ★★★ [B2]

Werke von Rembrandt, Rubens, Whistler und schottischer Künstler locken in die aus dem Hunterian Museum hervorgegangene Galerie für Bildende Kunst. Das Mackintosh House ist ein weiterer Höhepunkt: Im rekonstruierten Wohnhaus des Künstlerpaars kommt man „Toshie“ und Margaret besonders nah.

Als erstes Museum in Großbritannien nannte das Hunterian eine **Gemäldegalerie** sein Eigen. Höhepunkte sind die umfangreiche Sammlung mit Werken des US-amerikanischen Malers James McNeill Whistler (1834–1903) und schottischer Künstler, u. a. Henry Raeburn (1756–1823), Allan Ramsay (1713–1784) und die Glasgow Boys and Girls. Zu sehen sind auch ca. 130 Gemälde, Zeichnungen und Plastiken der Scottish Colourists des 19. Jh. und Bilder von Joan Eardley aus dem 20. Jh. sowie Werke von Rembrandt (1606–1669) und Rubens (1577–1640), hochkarätige Sonderausstellungen und ein Skulpturengarten mit zeitgenössischen Plastiken.

Eine Besonderheit ist das **Mackintosh House,** eine Rekonstruktion des Hauses, das Charles Rennie Mackintosh und seine Frau Margaret

040cg-dr

Macdonald 1906 an der Florentine Terrace in Hillhead kauften und bis 1914 bewohnten. Vor Betreten des Hauses erfährt man in der **Mackintosh House Introduction Gallery** anhand von Texten, Videos und Grafiken mehr über seine Geschichte. Wer dann auf drei Etagen durch Diele, Esszimmer, Salon und Schlafzimmer streift, glaubt beinahe, Charles und Margaret seien nur mal eben Milch holen gegangen. Diele und Speisezimmer im Erdgeschoss sind in gedeckten Farben gestaltet, je höher man im Haus steigt, desto heller wird es: Das Studio/Wohnzimmer und das Schlafzimmer strahlen in purem Weiß. Im vierten Stockwerk ist eine Ausstellung weiteren Schaffens der Mackintoshs zu sehen, u. a. Jugendstilmöbel, dekorative und Textilarbeiten von Margaret, sechs originale Buntglasfenster, die für den Tearoom an der Sauchiehall Street gedacht waren. Es ist eine der größten und bekanntesten Sammlungen zum Künstlerpaar.

› University of Glasgow, 82 Hillhead St, Tel. 0141 3304221, www.gla.ac.uk/hunterian/visit/ourvenues, Di.–So. 10–17 Uhr, Eintritt frei, Sonderausstellungen und Mackintosh House (letzter Einlass 16.15 Uhr) 8/6 £

31 Glasgow Botanic Gardens ★★ [B1]

Als sei man durch den Kaninchenbau in Alices Wunderland gefallen, entschlüpft man dem Großstadttrubel der Great Western Road durch das Haupttor der 200 Jahre alten Botanischen Gärten in eine grüne Oase.

Alles begann mit 3000 Pflanzen, mit denen der renommierte Botaniker Thomas Hopkirk die Botanic Gardens in Sandyford am Westende der Sauchiehall Street gründete. Dieser wuchs seinen „Vätern" bald über den Kopf, sodass man 1839 die Fläche oberhalb des River Kelvin erschloss. Der reiche Unternehmer John Kibble ließ 1872 seinen Wintergarten von Loch Long per Schiff nach Glasgow schaffen. Das viktorianische Glashaus war fortan als **Kibble Palace** Schauplatz illustrer Feste und be-

Der Kibble Palace in den Botanic Gardens ist ein viktorianischer Traum aus Glas, Stahl und Gusseisen

MEIN TIPP

Wandelbare Kirche

Jahrelang stand die Kelvinside Parish Church aus dem Jahr 1862 leer, sogar der Abriss drohte. Glücklicherweise hatte der Unternehmer Colin Beattie eine bessere Idee und nach zwei Jahren des Umbaus eröffnete 2004 die Kulturkirche **Òran Mór** (gälisch für „großes Lied") ihre Pforten. Im Erdgeschoss sind ein Pub, ein Restaurant und eine Bar untergebracht, die Krypta hat sich zum Ort für Livekonzerte, Partys und Theater gewandelt. Mittags findet hier **„A Play, a Pie and a Pint"** statt: Zu einem knapp einstündigen Theaterstück werden eine Pastete und ein Pint Bier serviert – kreativer kann man eine Lunch-Pause kaum verbringen. Berühmt ist Òran Mór auch für die Deckenbemalung im oberen Veranstaltungssaal: Der Glasgower Kultkünstler Alasdair Gray schuf gemeinsam mit Nichol Wheatley und Stef Gardiner ein fantasievolles Gemälde, das von Sternbildern, Literatur und schottischen Stadtlandschaften inspiriert ist. In der **Whisky Bar** im Erdgeschoss sind zehn großflächige Bilder von Wheatley zu sehen, die auf das berühmte Gedicht „Tom O'Shanter" von Robert Burns Bezug nehmen.

•7 [B1] **Òran Mór,** Top of Byres Rd, Tel. 0141 3576200, https://oran-mor.co.uk, Whiskybar: So.–Mi. 9–2, Do.–Sa. 9–3 Uhr, The Brasserie Di.–Sa. ab 12, So. 12–20 Uhr, John Muir Room tägl. ab 11 Uhr. A Play, a Pie and a Pint, https://playpiepint.com, 13 Uhr, Mo., Di., Do. 15/12,50 £, Mi. 12,50 £, Fr., Sa. 16 £

rühmter Reden wie die der britischen Premiers William E. Gladstone und Benjamin Disraeli.

Die Baumfarne, unter deren fedrigen Blättern man heute spaziert, wurden in den 1880er-Jahren gepflanzt. Auf diese Zeit gehen auch weitere Gewächshäuser zurück, in denen man tropische Pflanzen, Kakteen und Orchideen bewundern kann. Die **Pförtnerhäuschen** am Eingang entstanden 1894, im ehemaligen **Haus des Konservators** von 1841 wird nun Tee serviert. Diverse Kräuter- und Rosengärten sowie das Arboretum am Kelvin lohnen einen Spaziergang. Im Kibble Palace finden Konzerte und das Shakespeare-Festival „Bard in the Botanics" (www.bardinthebotanics.co.uk, Juni/Juli) statt.

› 730 Great Western Rd, Tel. 0141 2761614, www.glasgowbotanicgardens.com, tägl. 7 Uhr bis Dämmerung, Gewächshäuser/Tearooms 10–18, Okt.–März bis 16.15 Uhr, Eintritt frei

Am Clyde

Noch bevor St Mungo Glasgow gründete, lebten Menschen an den Ufern des Clyde und im 13. Jh. gedieh hier eine kleine Fischersiedlung. Die Lebensader der Stadt ließ später Handel und Industrie florieren. Im 19. und 20. Jh. bestimmten von der Mündung bis ins Zentrum Werften das Bild – ehe mit der Rezession nach dem Zweiten Weltkrieg alles sprichwörtlich den Bach hinunterging und der Clyde langsam zur No-go-Area verkam. Doch Glasgow hat sich wieder einmal neu erfunden und auch dem Stadtfluss ein Facelifting verpasst. Am Clyde lässt sich in Augenschein nehmen, wie ehrgeizige Bauprojekte seit den 1980er-Jahren und das 2003 gestartete Clyde Waterfront Project die Hafen- und Werftgelände zum neuen Aushängeschild der Stadt transformiert haben. Neue Architekturikonen zeigen hier das moderne Gesicht Glasgows.

32 Finnieston Crane ★ [C5]

Eine der letzten visuellen Erinnerungen ans frühe 20. Jh., als Schiffskräne das Bild am Fluss bestimmten: Selbst die in Glasgow gefertigten Lokomotiven, die der 1931 erbaute Hammerkran einst auf Schiffe verlud, müssen an seinem 46 m langen schwenkbaren Ausleger wie Spielzeug gewirkt haben. Bis zu 175 t konnte das 60 m hohe Ungetüm bewegen. Seit 1989 steht die Stahlkonstruktion unter Denkmalschutz.

Am Nord- und Südufer fallen zwei runde Gebäude mit Kuppeldach ins Auge: Die **Glasgow Harbour Tunnel Rotundas** von 1895 dienten einst als Zugang für unter dem Clyde verlaufende Tunnel, u. a. für Kutschen und Fußgänger. Den südlichen Bau nutzt heute eine Firma, am nördlichen Ufer ist Gastronomie eingezogen (www.cransidekitchen.co.uk).

33 Scottish Event Campus (SEC) ★ [B5]

Schöne neue Welt am Clyde-Ufer: Kaum ein Gebäudeensemble der Stadt ist so stark mit dem Wandel Glasgows zur Design-, Kunst- und Entertainment-Metropole verbunden.

1979 fasste man den Plan, die ruinösen **Queen's Docks** in Finnieston zu verfüllen und an ihrer Stelle ein Messe- und Konferenzzentrum zu bauen. 36 Mio. £ später eröffnete 1985 das **Scottish Exhibition and Conference Centre,** das sich als einer der beliebtesten Veranstaltungsorte des Landes etablierte. 1997 kam das von Norman Foster in Anlehnung an einen Schiffsrumpf gestaltete **Clyde Auditorium** hinzu, das von den Glaswegians wegen seiner Ähnlichkeit mit einem Gürteltier „Armadillo" getauft wurde und inzwischen auch offiziell den Namen **SEC Armadillo** trägt. Der dritte Streich war die von Foster + Partners gebaute Konzerthalle **OVO Hydro** (www.ovohydro.com). Mit Platz für 14.300 Besucher ist sie die größte Konzert-Location im Land. Gimmick: Abends leuchtet der an ein Ufo erinnernde Bau in verschiedenen Farben.

› www.sec.co.uk,
ScotRail: Exhibition Centre

34 Science Centre und Glasgow Tower ★★★ [A5]

Im Wissenschaftsmuseum kann man der Neugier auf naturwissenschaftliche Phänomene, Umwelt und Medizin bei rund 400 interaktiven Experimenten, Spielen und Filmen nachgeben – auch für Kinder ein Riesenspaß.

Auf den drei Etagen der **Science Mall** heißt es konsequent: Naturwissenschaften zum Anfassen. So fällt man auf zahlreiche optische Täuschungen herein, kann sich im Steuern eines Kraftwerks für erneuerbare Energien üben und lernt den menschlichen Körper allgemein sowie die Fä-

MEIN TIPP

Talk a Walk on the Clydeside

Auf dem 65 km langen **Clyde Walkway** können Wander- und Radelfans von Partick im West End aus am Flussufer entlang durch die Stadt bis ins grüne Clyde-Tal zur Weltkulturerbestätte New Lanark 42 gelangen. Die Hälfte der ersten von fünf Etappen verläuft am Clyde bis zum Glasgow Green und eignet sich prima als Spaziergang.

› www.visitlanarkshire.com/things-to-see-and-do/walk-or-cycle-clyde-walkway

037cg-dr

higkeiten des eigenen besser kennen. **Planetarium** und **Imax-Kino** zeigen zudem spannende Shows.

Spektakulär ist auch die Architektur: Die Uferfassade der Science Mall besteht aus einer riesigen Fensterfront, das Imax-Kino gleicht einer Silberkugel und der 127 m hohe **Glasgow Tower** ist einem Segel nachempfunden. Von seiner **Besucherplattform in 100 m Höhe** hat man eine sensationelle 360°-Aussicht. Schon die Fahrt im gläsernen Aufzug ist ein Erlebnis. Bei gutem Wetter sieht man 40 km weit, bis zu den Highlands im Norden und über die grüne Southside hinweg. Er ist nicht nur das höchste Bauwerk in Schottland, sondern auch weltweit das höchste, das sich vollständig um die eigene Achse drehen kann.

› 50 Pacific Quay, Tel. 0141 4205000, www.glasgowsciencecentre.org, Subway: Cessnock, die Öffnungszeiten variieren (s. Website), ab 16 J. 12,50 £, 3–15 und über 60 J. 10,50 £, Planetarium zzgl. 3 £, separat 5,50 £, IMAX zzgl. 3 £, gutes Café, **Glasgow Tower** zzgl. 3,50 £, separat 6,50 £. Ob der Turm geöffnet hat, hängt von den Windverhältnissen ab (s. Website).

35 The Clydeside Distillery ★★★ [A5]

Nach mehr als 100 Jahren wird in Glasgow wieder Whisky gebrannt: Die Clydeside Distillery ist die zweite Brennerei, die auf Stadtgebiet neu eröffnete. Ihr erster Single Malt „Stobcross" kam 2021 auf den Markt.

Es ist auch ein Stück Familiengeschichte: John Morrison erbaute 1877 die **Queen's Docks,** wo sein Urenkel Tim Morrison 2017 die moderne Clydeside Distillery eröffnete. Als der Hafen noch aktiv war, liefen hier Schottlands Whiskyladungen in alle Welt aus. Die Brennerei hat ihren Sitz im früheren **Pumpenhaus,** von dem aus die Drehbrücke für die Ein- und Ausfahrt der Hafenanlage gesteuert wurde. In einem modernen Glasanbau glänzen die kupfernen **Brennblasen** selbst an trüben Tagen verheißungsvoll vor der Flusskulisse. Das mit Liebe zum Detail gestaltete **Visitor Centre** beleuchtet die Geschichte des Whiskys in Schottland und spezi-

Room with a view: Die Stadt liegt einem im Glasgow Tower 34 zu Füßen

ell am Clyde. Anschließend führt ein Guide durch die Produktion und in die Geheimnisse des Whiskybrennens ein. Was macht einen Whisky rauchig? Wie unterscheidet sich ein Single Malt von einem Blended Scotch? Nachher ist man nicht nur schlauer, sondern bekommt auch noch beigebracht, wie man **Whisky verkostet:** Zu probieren gibt es natürlich auch einen *dram* „Stobcross".

Schön sitzt man im **Clydeside Café**, das schottische Spezialitäten und eine große Auswahl an Whiskys zum **Tasting** anbietet.

› The Old Pump House, Queen's Dock, 100 Stobcross Rd, Tel. 0141 2121401, www.theclydeside.com, ScotRail: Exhibition Centre und 10 Min. zu Fuß, tägl. 10–18 Uhr, Besichtigung nur mit Führung (1 Std.) 11–16 Uhr, 15/13 £, 8–17 Jahre 5 £, bis 7 Jahre kostenlos, Shop, Café 11–17 Uhr

36 Riverside Museum und Tall Ship ★★★ [bg]

Sogar das Verkehrsmuseum selbst wirkt wie in Bewegung: S-förmig schmiegt sich der Bau an die Mündung des River Kelvin in den Clyde, übers Dach scheinen Wellen zu laufen, die über der Glasfassade in einer zackigen Herzkurve enden.

Die **Ausstellung** im Inneren ist nicht minder beeindruckend als das ikonische Gebäude von Stararchitektin Zaha Hadid: Die Exponate werden spektakulär und interaktiv präsentiert – nicht von ungefähr wurde das Riverside 2013 als „Europäisches Museum des Jahres" ausgezeichnet.

Die nachgebaute **Main Street** erweckt das öffentliche Straßenbild zwischen 1895 und 1930 samt Läden, Pub und Subway-Eingang wieder zum Leben. Als weiterer Hingucker

Sonne im Glas

Wer hat's erfunden? Ob nun irische oder schottische Mönche im frühen Mittelalter das Destillieren des „uisge-beatha" (Gälisch für „Lebenswasser") entdeckten, liegt im Dunkel der Geschichte. Sicher ist, dass man in den schottischen Klöstern des 15. Jh. das whiskyähnliche „aqua vitae" für heilkundliche Zwecke brannte. Die erste schriftliche Erwähnung stammt von 1494, als ein Mönch Malz für die Herstellung desselben kaufte. Bald gab es im ganzen Land Destillerien, da sie ab 1644 hoch besteuert wurden und ab 1707 zudem eine Lizenz nötig war, brannte und schmuggelte man aber meist am Fiskus vorbei.

1770 nahm Glasgows erste lizenzierte Whiskydestillerie den Betrieb auf. Einen Gründerboom am Clyde löste der Excise Act (1823) aus, der durch geringere Steuern und bezahlbare Lizenzen die legale Produktion rentabel machte. In Glasgow wurde Whisky aber nicht nur gebrannt, sondern v. a. in riesigen Warenhäusern am Clyde gelagert, in alle Welt verschifft und zu „blended whisky" verschnitten. Dies besorgten anfangs Lebensmittelhändler wie William Teacher und Johnnie Walker, die das Getränk in ihren Läden verkauften, aber auch zu neuen „blends" mischten und in ihren „dram shops" ausschenkten. Heute sind Teacher's Highland Cream und Johnnie Walker Black Label weltweit bekannt und Whisky ist wieder ein Exportschlager Schottlands – 2021 erreichte der Whiskyexport einen Wert von 4,5 Mrd. £. Mehr als 140 Destillerien gibt es heute in ganz Schottland, 22 Mio. Fässer – rund 12 Mrd. Flaschen à 70 cl – reifen in schottischen Lagern und pro Sekunde werden 44 Flaschen in alle Welt verschickt.

MEIN TIPP

Die Nase im Trendwind der Stadt

Kunst, Design, Konzerte, Festivals, Austellungen, Performances und Urban Art: Im **SWG3** (Studio Warehouse Glasgow) ist in einem ehemaligen Galvanikbetrieb und Lagerhauskomplex eins der innovativsten Kreativprojekte Glasgows entstanden. Street-Art und Graffiti werden nicht nur beim **Yardworks Festival** (s. S. 94) großgeschrieben: 2019 gestalteten z. B. Künstler 27 Bahnbögen in der Nachbarschaft mit bunten Murals. Mit dabei waren Smug, Mark Worst und das aus vier Frauen bestehende Cobalt Collective aus Glasgow. Regelmäßig wird neu gesprayt. Das SWG3 ist zudem eine Topadresse für **Live Gigs** und **Club Nights** – die spielen auch eine Rolle beim ambitionierten Projekt **„Bodyheat“:** Die vom Publikum beim Tanzen generierte Körperwärme fließt in den Energiekreislauf des Komplexes. In der **Acid Bar** tischen abends wechselnde Trendgastronomen auf.

●8 [A4] **SWG3,** 100 Eastvale Place, Tel. 0141 3371731, https://swg3.tv, Subway: Kelvinhall

041cg-dr

stapeln sich an zwei Wänden **Motorräder** und **Autos** verschiedener Epochen bis unters Dach. Im „Velodrom“ drehen **historische Fahrradmodelle** über den Köpfen des Publikums luftige Runden. Am Boden geblieben sind **Skateboards, Busse, Trams, Lokomotiven, Rettungswagen** und **Boote.** Es ist eine Zeitreise durch die Verkehrsgeschichte Glasgows, die man hier erlebt. Die geht im hinter dem Museum vertäuten **Tall Ship** weiter: Der 1896 am Clyde erbaute Dreimaster „Glenlee“ lässt sich vom Deck mit den Kapitäns- und Matrosenkajüten bis in den Laderaum und den nachgerüsteten Maschinenraum erkunden.

› Pointhouse Place, Tel. 0141 2872720, www.glasgowlife.org.uk/museums, Garelochhead Coaches Nr. 100 oder Subway: Partick, Mo.–Do., Sa. 10–17, Fr., So. 11–17 Uhr, Eintritt frei, **The Tall Ship:** https://thetallship.com, März–Sept. tägl., Okt.–Febr. Mi.–So. 10–16.30 Uhr (letzter Einlass), Eintritt frei

37 Govan Stones und Govan Old Parish Church ★★ [ag]

Es war eine kleine Sensation, auf die der 14-jährige Mark McGettigan im Frühjahr 2019 auf dem Friedhof der Govan Old Parish Church bei einem Freiwilligenprojekt mit lokalen Archäologen stieß: Ein Brocken im Boden entpuppte sich als wertvoller **Kultstein.** Er und zwei weitere im Zuge des Projekts ausgegrabene Steine stammen aus dem 10. und 11. Jh.

‹ Schon jetzt eine der neuen Ikonen am Clyde-Ufer: das Riverside Museum 36 von Zaha Hadid

Schiffsbau am Clyde

Noch bis Mitte des 18. Jh. konnten Kinder durch den Fluss waten, doch die ehrgeizigen Kaufleute hatten große Pläne. Der bereits Ende des 17. Jh. am Firth of Clyde gebaute Seehafen Port Glasgow war ihnen nicht genug, ab Mitte des 18. Jh. wurde der Clyde mehrmals vertieft, sodass die großen Handelsschiffe direkt bis ans Broomielaw [E/F6] im Zentrum fahren konnten, ohne ihre Fracht vorher auf kleinere Boote umladen zu müssen.

Hafenkais dominierten bald das Stadtbild am Fluss, bis zu fünf Schiffe lagen hintereinander vertäut. Gleichzeitig begann der Schiffsbau-Boom: 1818 eröffnete John Barclay die erste Werft, die Namen Fairfield's, Beardmore's, Stephen's in Govan und John Brown in Clydebank wurden weltbekannt. In der zweiten Hälfte des 19. Jh. entstanden riesige Docks, Anfang des 20. Jh. wurden in knapp 50 Werften am Clyde ein Fünftel sämtlicher auf den Weltmeeren kreuzenden Schiffe gebaut: rund 30.000 Stück, von riesigen Kriegsschiffen über luxuriöse Ozeandampfer bis hin zu Privatjachten für Zaren und Könige.

Zwischen 1860 und 1918 galt Glasgow als Hauptstadt des Schiffsbaus, die Industrie war maßgeblich für den Stellenwert als Second City of the Empire verantwortlich. Eine komplette Zuliefererindustrie entwickelte sich und sogar an der Glasgow School of Art wurde in speziellen Kursen Industriedesign und Schiffsinnenarchitektur gelehrt.

Mit der Mobilisierung im Ersten Weltkrieg erreichte die Produktion einen Höhepunkt, in den 1930er-Jahren entstanden die Ozeanriesen „Queen Mary“ und „Queen Elizabeth“. Nur wenige Jahre nach dem Zweiten Weltkrieg setzte jedoch ein beispielloser Niedergang ein, der ganz Glasgow in die Rezession riss. 1968 wurden die verbliebenen Unternehmen als „Upper Clyde Shipbuilders“ verstaatlicht, doch Investitionen und Aufträge blieben aus und drei Jahre später war auch hier Schluss. Heute produzieren nur noch zwei Werften am Clyde. Die Geschichte des größten Schiffsbauers, Fairfield's in Govan, wird in dessem ehemaligen Hauptquartier (Fairfield Heritage, s. S. 64) erzählt.

Sie gehören zu den bedeutenden **Govan Stones**, die man bereits im 19. Jh. auf dem rund 1500 Jahre alten Friedhof gefunden hatte.

Schon um das Jahr 493 soll an dieser Stelle ein Gotteshaus gestanden haben. Ab dem Ende des 9. Jh. war Govan das religiöse Zentrum des altbritischen **Königreichs Strathclyde**, dessen Fürsten hier ihre letzte Ruhe fanden. Die 31 Grab- und Kultsteine mit reichem Bilderschmuck, die heute in der Kirche ausgestellt sind, entstanden vom 9. bis 11. Jh. Herausragend sind der **Sonnenstein**, ein aus einem Block gehauener **Sarkophag**, und fünf **„hogbacks“**. Diese ihrer Form nach „Schweinerücken“ genannten Grabsteine aus der Wikingerzeit finden sich nur auf den britischen Inseln. Die fünf in Govan bilden die größte und wertvollste Sammlung.

› 866 Govan Rd, Govan, Tel. 0141 4402340, www.thegovanstones.org.uk, Subway: Govan, April–Ende Okt. tägl. 13–16 Uhr, Eintritt frei, kostenlose Führungen

Southside

Die Viertel südlich des Clyde sind weitläufig, die Kultur- und Museums-Highlights erschließt man sich am besten mit öffentlichen Verkehrsmitteln. Treibenlassen geht hier trotzdem hervorragend: durch riesige Parks, bunte Viertel und schöne Tenement-Straßenzüge.

Zwar bestimmen direkt südlich des Clyde zunächst Industrieareale und -brachen sowie Stadtautobahnen das Bild, doch machen die bald Wohngebieten Platz, in denen sich alternatives Szenevolk mit jungen Familien in multikultureller Vielfalt mischt. In **Strathbungo, Govanhill** und **Shawlands** hat sich eine spannende Gastro- und Künstlerszene etabliert. Avantgarde-Theater und -kunst bietet u. a. das **Tramway** (s. links). Herrschaftliche Villen und elegante Tenements charakterisieren **Pollokshields.**

Die Southside ist auch unglaublich grün: Im größten Park Glasgows, dem **Pollok Country Park** (s. S. 93), vergisst man schnell, dass man eigentlich in der Stadt ist. Er hat locker Platz für das herrschaftliche **Pollok House** 40, wuschelige Highlandrinder und die großartige Kunstsammlung **Burrell Collection** 41. Ebenfalls lauschig sind der **Queen's Park** (s. S. 93) und der **Bellahouston Park** mit dem **House for an Art Lover** 39 von Jugendstilikone Mackintosh.

MEIN TIPP

Abgefahren!

Eine imposante Kulisse für schottische und internationale Gegenwartskunst, innovatives Theater, Performances, Tanz und Festivals gibt das 1893 erbaute ehemalige Tramdepot der Stadt ab. Der Name **Tramway** erinnert an die Historie des Gebäudes, das seinen industriellen Charme bewahrt hat. In der 1011 m² großen Hauptgalerie sind sogar noch die Schienen zu sehen. Gezeigt werden interdisziplinäre Wechselschauen zeitgenössischer Kunst. Auch das **Scottish Ballet** (www.scottishballet.co.uk) hat auf dem Gelände sein Hauptquartier.

Eine grüne Oase sind die **Hidden Gardens** mit Wildblumenwiese, Kräuter- und Gemüsegarten, einer „Baumbücherei" und Kunst – perfekt für einen entspannten Kaffee und Snack aus dem angeschlossenen **Community-Café** (Di.–So. 12–16.30 Uhr).

•9 [cj] **Tramway,** 25 Albert Drive, Tel. 0845 3303501, www.tramway.org, https://thehiddengardens.org.uk, ScotRail: Pollokshields East, Subway: Bridge Street, Shields Road, Gebäude Mo.–Sa. 9.30–20, So. 12–18 Uhr, Ausstellungen: Di.–Fr. 12–17, Sa./So. 12–18 Uhr, aktuelle Ausstellungen und Veranstaltungen siehe Website

38 Scotland Street School Museum ★★ [D7]

Dieser Schulbesuch macht Spaß: Außen wie innen trägt der Bau die Jugendstil-Handschrift von Charles Rennie Mackintosh. In rekonstruierten Klassenzimmern taucht man in Schulwelten der letzten 100 Jahre ein.

Schon die Architektur zeigte den 1250 Pennälern, wo es langging: **Mackintosh** (s. S. 107) musste sich u. a. an die Auflage halten, dass für Jungen, Mädchen und *infants* (5-jährige Schulanfänger) jeweils getrennte Eingänge, Treppenhäuser und Spielplätze vorgesehen waren. Wie so oft war Mackintosh meist anderer Meinung als seine Auftraggeber – eine

042cg©Glasgow Life

Ausstellung zeigt auf amüsante Weise, u. a. mit Comics, wie der Architekt heimlich an den vereinbarten Entwürfen vorbeiarbeitete.

Auf drei Etagen wird das **schottische Schulwesen** beleuchtet: Zu besichtigen sind ehemalige Klassenzimmer vom Anfang des 20. Jh. und aus den 1940er- bis 1960er- Jahren, die Unterrichtsküche mit original Mackintosh-Möbeln und die Garderoben. Stars des Gebäudes sind die hohen, verglasten Treppenhäuser und Details wie die wunderschönen Fliesen im Erdgeschoss, im ganzen Bau beeindruckt der großartige Umgang des Architekten mit dem natürlichen Lichteinfall. Derzeit wird renoviert – 45 Mio. £ stellt allein die schottische Regierung für das Projekt bereit –, um ein digitales Lernzentrum und eine Kita zu integrieren. Dann wird wieder Kinderlachen durch die Gänge hallen.

› 225 Scotland St, Tel.0141 2870500, www.glasgowlife.org.uk/museums, Subway: Shields Road, wegen Renovierung derzeit geschlossen

39 House for an Art Lover ★★★ [aj]

Das „Haus eines Kunstfreundes" wurde 1989 bis 1996 detailgetreu nach den Originalplänen von Charles Rennie Mackintosh und seiner Frau Margaret Macdonald erbaut – 95 Jahre, nachdem die Entwürfe entstanden waren.

1901 beteiligten sich Charles und Margaret am Wettbewerb „Haus eines Kunstfreundes" des deutschen Verlegers Alexander Koch. Obwohl sie die Deadline verpassten, ihre Unterlagen unvollständig waren und sie daher disqualifiziert wurden, erhielten sie einen **Sonderpreis für die Originalität** der Entwürfe. Rund 80 Jahre später dienten die lediglich 14 Zeichnungen und einige Vorentwürfe einem Team aus Architekten, Kunsthistorikern, Designern und (Kunst-) Handwerkern als Grundlage für den

◸ *Das „Haus eines Kunstfreundes" wird seinem Namen gerecht*

044cg-dr

Bau des Hauses samt Inneneinrichtung. Eine anschauliche Ausstellung informiert über das Werk von Charles und Margaret, die Symbolik ihres Designs und das Projekt.

Im Haus beeindrucken das in Weiß strahlende **Musikzimmer** samt großem Balkon und der atmosphärische **Damensalon.** In Kontrast dazu stehen die in dunklem Holz gehaltene Diele und das **Speisezimmer.** Bemerkenswert sind die Details an Möbeln, Kaminen und Textilien. Eine Treppe führt auf die **Galerie,** wo man an PCs durch die digitalisierten Originalzeichnungen und Entwürfe stöbern kann.

Rund ums Haus lohnt ein Spaziergang durch einen **Skulpturenpark** und zum Ausstellungsort **Studio Pavilion** (https://studiopavilion.co.uk).

› Bellahouston Park, 10 Dumbreck Rd, Tel. 0141 4831600, www.houseforanartlover.co.uk, Subway: Ibrox, ca. 10–15 Min. zu Fuß, Art Lover's Café und Shop: tägl. 10–17 Uhr, Haus meist 10–16 Uhr, wegen häufiger Events tagesaktuelle Öffnungszeiten per Telefon erfragen oder auf Website checken, 7 £/5,50 £, inkl. Audioguide

40 Pollok House ★★★ [ak]

Als sei die Lage im Pollok Country Park (s. S. 93) nicht schon herrlich genug, gibt es in dem georgianischen Herrenhaus auch noch Werke von El Greco, Goya und Co. zu sehen. Oben bewundert man die edle Ausstattung, unten gewährt „Schottlands Antwort auf Downton Abbey" einen Blick ins Reich der Bediensteten.

Bis ins Jahr 1269 lässt sich die Familie Maxwell auf Pollok Estate zurückverfolgen. Sir John Maxwell (1686–1752) ließ das heutige Anwesen 1747 bis 1752 erbauen. Der ursprüngliche, klassizistische Bau wurde 1890 bis 1904 von Robert Rowand Anderson u. a. um neue Seitenflügel, die repräsentative Eingangshalle und die Gartenanlagen erweitert. Im Haus durchwandert man **prächtig ausgestattete Räume,** u. a. das Büro, den Morgensalon, den Rauchersalon, in dem die Denkmalschutzstiftung National Trust for Scotland gegründet wurde, den Speisesaal und die mehrere Tausend Bände starke Bibliothek.

Bemerkenswert ist die **Gemäldesammlung** mit herausragenden spanischen Meisterwerken von El Greco, Velazquez, Murrillo und Goya. Zu sehen ist auch die berühmte „Dame im Pelz": Früher El Greco zugeschrieben, fand man kürzlich heraus, dass sie von Sánchez Coello gemalt wurde. Weitere Werke stammen von James Guthrie, Henry Raeburn und William Blake.

Fans der Serie „Downton Abbey" tauchen im Untergeschoss in die Welt der Dienerschaft vor 100 Jahren ein. Empfehlenswert ist die Führung (im Eintritt inkl.), die sonst verschlossene Räume öffnet. Dabei erfährt man, wie viele dienende Hände eine Adelsfamilie einst für ihren Komfort benötigte.

Stimmungsvoll ist die **Edwardian Kitchen,** in der heute u. a. ein sensationelles Kuchenbuffet aufgetischt wird.

› Pollok Country Park, 2060 Pollokshaws Rd, Tel. 0141 6166410, www.nts.org.uk/visit/places/pollok-house, ScotRail: West Pollokshaws, ca. 15. Min. Fußweg, Nov.-9. März Fr.-So. 10-16, 10.-31. März Do.-Mo. 10-16, April-Okt. tägl. 10-16.30 Uhr, letzter Einlass jeweils 30 Min. vor Schließung, 24. Dez.-6. Jan. geschl., Führung 11 und 15 Uhr, 8,50/6 £

41 The Burrell Collection ★★★ [ak]

Cézanne, Degas, Manet, Delacroix, Cranach d. Ä., Rodin, Rembrandt, Hogarth – ein wenig „name dropping" muss bei dieser Weltklassesammlung sein. Dazu gehören darüber hinaus chinesische Kunst, römische Skulpturen, mittelalterliche Rüstungen, Buntglasfenster und Wandteppiche. Das spektakuläre Gebäude setzt seine Schätze grandios in Szene.

Mit rund 9000 Werken und Objekten, das älteste davon 5000 Jahre alt, gilt die Kunstsammlung des Glasgower Reeders William Burrell (1861–1958) als eine der größten, die eine Privatperson je zusammengetragen hat. Neben Gemälden der **französischen Impressionisten**, der **niederländischen Schule** und **britischer Meister** umfasst sie griechische, römische und **mittelalterliche Kunst**, flämische **Gobelins**, **Glasmalereien** und **Porzellan** aus dem alten China.

Schöner wohnen im 18./19. Jahrhundert: willkommen im Pollok House

Große Bühne für große Kunst – die Burrell Collection

045cg-dr

Burrell machte sich in der Kunstwelt bereits einen Namen, als er noch als Reeder die Welt bereiste. 1944 schenkten der unermüdliche Sammler und seine Frau Constance fast die gesamten Schätze der Stadt Glasgow, die 1983 im Pollok Country Park die eigens dafür errichtete Burrell Collection eröffnete.

Das denkmalgeschützte Haus ist seit 2022 nach einer 66 Mio. £ teuren **Sanierung** wieder geöffnet und im 21. Jh. angekommen. Das Grün des Parks wird in einigen der lichtdurchfluteten Galerien geradezu zum Akteur. In anderen Räumen herrscht eine beinahe sakrale Ruhe. Auf der nun vergrößerten Ausstellungsfläche sind wesentlich mehr als die bisher rund 20 % der Exponate ausgestellt und ein Teil des Magazins wurde zugänglich gemacht. Videos und interaktive Displays gewähren spannende Einblicke und ein tieferes Verständnis der Exponate.

› Pollokshaws Rd, Pollok Country Park, Tel. 0141 2872550, https://burrellcollection.com, ScotRail: West Pollokshaws, ca. 15. Min. Fußweg, Mo.–Do., Sa. 10–17, Fr., So. 11–17 Uhr, Eintritt frei

Entdeckungen in der Umgebung

Genug Stadtluft geschnuppert? Glasgow punktet mit einer reizvollen Umgebung, in die man ohne lange Anfahrt schnell entfliehen kann. So lohnt schon ein halber Tag, um ans Meer, an den Loch Lomond am Fuß der Highlands oder ins üppig grüne Clyde-Tal zu fahren.

42 New Lanark ★★★

Die wilde Natur zog Romantiker wie Maler ins Tal des Clyde südlich von Lanark. Der Unternehmer David Dale (1739–1806) sah Ende des 18. Jh. in den Stromschnellen eher eine Energiequelle für seine riesige Baumwollspinnerei. Berühmt wurde die frühindustrielle Mustersiedlung wegen der sozialen Reformen von Robert Owen im 19. Jh. Seit 2001 ist New Lanark UNESCO-Weltkulturerbe.

Schon der erste Blick auf die sich ins grüne Flusstal schmiegende Siedlung mit ihren riesigen Fabrikriegeln lässt staunen. Bis zu 2500 Menschen

046cg-dr

lebten und arbeiteten in der ab 1785 erbauten Baumwollfabrik – anfangs zum Großteil Kinder, manche gerade fünf Jahre alt. 1799 übernahm der walisische Textilunternehmer **Robert Owen** (1771–1858) das Ruder. In den 25 Jahren seines Wirkens setzte er sozialreformerische Theorien um: Absolut revolutionär für die Zeit bot er neben kürzeren Arbeitstagen eine Krankenversicherung, medizinische Versorgung, Kinderbetreuung und Wohnraum, gründete die erste Schule für Arbeiterkinder in Großbritannien, ließ Kinder erst ab zehn Jahren arbeiten und führte die Erwachsenenbildung ein. Die Gewinne des genossenschaftlich betriebenen Dorfladens wurden vor Ort reinvestiert.

Nach der Schließung der Fabrik 1969 verhinderte eine Stiftung den Abriss. Es wurde umfangreich renoviert und heute stehen das **New Lanark Visitor Centre** und die ehemalige Spinnerei in der **Mill 3** offen, wo wieder in kleinem Stil Wolle und Garn, z. B. für Chanel, produziert wird. Die 9000 m² große **Dachterrasse** bietet einen Spitzenblick. Bezaubernd ist die **Annie McLeod Experience:** Der computeranimierte Geist eines zehnjährigen Mädchens erzählt in einer multimedialen Reise vom Leben in New Lanark um 1820. Zudem sind das Haus von Robert Owen, die **Millworkers' Houses** mit Wohnungen von 1820 und 1930, der **Dorfladen** und die **Schule** zu besichtigen.

Tipp: Am Ufer des Flusses führen ausgeschilderte Wege bis zu den **Falls of Clyde** (https://scottishwildlifetrust.org.uk/reserve/falls-of-clyde).

Einen Rundumblick aufs UNESCO-Weltkulturerbe bietet die Dachterrasse der Mill 3 in New Lanark

› New Lanark Mills, Lanark, Tel. 01555 66345, www.newlanark.org, Zug ab Glasgow Central bis Lanark (ca. 1 Std.), dann Bus 135 (Stuarts Coaches) bis New Lanark, Siedlung frei zugänglich, Attraktionen: April–Okt. tägl. 10–17 Uhr, Nov.–März tägl. 10–16 Uhr, 12/9 £, inkl. Dorfführungen 13,50/10 £. Café, Shop, Hotel mit Restaurant (www.newlanarkhotel.co.uk).

43 Loch Lomond ★★★

Als „Königin der schottischen Seen" pries Sir Walter Scott den Loch Lomond, seit 2002 gehört er zum Loch Lomond and the Trossachs National Park. Nur 23 km nordwestlich von Glasgow schnuppert man an seinen Ufern die Luft der Highlands.

Quer durch den größten Süßwassersee Großbritanniens (44 km²) verläuft der in der Urzeit entstandene **Highland Boundary Falt**, der Schottland in Lowlands und Highlands teilt. Der breite, südliche Teil des Sees ist von Inseln durchzogen, Wälder stehen bis dicht ans Ufer. Im Norden steigen die Berge, u. a. der berühmte Ben Lomond, auf fast 1000 m Höhe an. Am Ostufer des Sees verläuft der Fernwanderweg **West Highland Way** (www.westhighlandway.org).

Der Hauptort am Loch Lomond ist **Balloch** an seiner Südspitze. Lohnenswert sind der **Balloch Castle Country Park** und der **Balloch Pier.** Dort liegt der Raddampfer **Maid of the Loch** (www.maidoftheloch.org), der von Ehrenamtlichen wieder flottgemacht wird und besichtigt werden kann. Das Touristenzentrum **Loch Lomond Shores** (https://lochlomondshores.com) lockt mit SeaLife Aquarium, Raubvogelzentrum, Kletterwald, Mall und Restaurants. Von Balloch aus starten mehrere Fäh-

047cg-dr

ren und im Sommer der Wasserbus, während **Loch Lomond Leisures** (https://lochlomond-scotland.com) von Tretbooten über Stand-up-Paddling bis hin zu Kanus eine breite Palette an Wassersportmöglichkeiten bietet. Vielfältige Ausflugsfahrten hat die **Sweeny's Cruise Company** im Angebot.

Etwas nördlicher liegt am Ostufer das Örtchen **Balmaha.** Ausflugsboote und Fähren verkehren auf die vorgelagerten Inseln und zur anderen Seeseite (z. B. nach Luss). Das familiengerechte **Nationalpark-Besucherzentrum** informiert über die Natur und ist Startpunkt einer rund dreistündigen Wanderung auf den 361 m hohen **Conic Hill.** Man läuft hier sozusagen auf der Highland Boundary Falt, der Rundumblick auf den See und die Berge vom Gipfel ist einzigartig. Am Westufer lohnt der kleine Bilderbuchort **Luss** mit gerade einmal 120 Einwohnern einen Besuch. Das Dorf und die malerische Umgebung lassen sich auf Spazierwegen erkunden.

› www.lochlomond-trossachs.org

› **Anfahrt:** Glasgow – Balloch: per Zug (ScotRail, ca. 50. Min.) oder mit First Bus (ca. 75 Min.); Balloch – Balmaha: ab „Bus Terminus“ Bus 309 (www.mccolls.org.uk) bis „Balmaha Car Park on B837“; Balloch – Luss: Linie 305 von McColl's bis „Loch Lomond Arms Hotel“; Glasgow – Luss: Bus 926 (www.citylink.co.uk). Infos: www.travelinescotland.com.

› **Bootsausflüge:** Sweeney's Cruises Co. (www.sweeneyscruiseco.com) und Cruise Loch Lomond (www.cruiseloch lomond.co.uk); Mai bis Sept. auch Fähren zwischen den Orten am See

ℹ **10 i-Centre Balloch,** The Old Station Building, Balloch, Tel. 01389 753533, www.visitscotland.com, tägl. Okt.–Mai 10–17, Juni, Sept. 9.30–17.30, Juli/Aug. 9.30–18 Uhr

⌃ *Vom Conic Hill hat man beste Sicht auf den Loch Lomond und die Bergwelt der Highlands*

› *Die „box“ rund ums Hill House schützt es vor den Elementen*

44 The Hill House (Helensburgh) ★★★

So hat man Mackintosh noch nie gesehen: Für den Verleger William Blackie (1860–1953) schuf der visionäre Architekt von 1902 bis 1904 ein Wohnhaus, das außen wie innen aus einem Guss ist. Eine Spezialkonstruktion ermöglicht es, ihm regelrecht aufs Dach zu steigen.

Der Grund für die durchsichtige *box*, die das Haus umgibt, ist ein konservatorischer: Durch Risse im Putz haben sich die Wände im letzten Jahrhundert mit Regenwasser vollgesogen. Die neuartige Stahlkonstruktion schützt das Haus mit einem winddurchlässigen Stahldrahtgewebe vor den Elementen und ermöglicht zugleich das Austrocknen. Auf Treppen und Gängen, die über mehrere Etagen um den Bau herum und sogar über das Dach führen, eröffnet sich innerhalb der *box* ein **drohnenähnlicher Blick.**

Auch bei diesem Gebäude verband Mackintosh (s. S. 107) Elemente der schottischen **Burgenarchitektur und der Moderne.** Das Besondere: Er plante mit der Verlegerfamilie zunächst die Innenräume, für die er mit seiner Frau Margaret auch Möbel, Textilien, Lampen, Kamin- und Wandschmuck schuf, und entwarf dann das Äußere.

Auf verblüffende Weise harmonieren **künstlerische Gestaltung und funktionaler Wohnalltag.** Auffällig sind der Einsatz von Licht, Hell-Dunkel-Kontrasten und die Raumaufteilung. An die Natur angelehnte Formen und geometrische Muster ergänzen die minimalistische Einrichtung. Bibliothek, Esszimmer, Diele, Salon und Schlafzimmer – alles wirkt „authentic Mackintosh" und zugleich wohnlich. Wunderschön sind die **Gärten mit Blick auf den Firth of Clyde.**

› Upper Colquhoun St, Helensburgh, Tel. 01436 673900, www.nts.org.uk/visit/places/the-hill-house, Zug ab Glasgow Queen Street bis Helensburgh Central (45 Min.), von da 25 Min. Fußweg oder Taxi, 3. Jan.–23. Dez. 10–17 Uhr, letzter Einlass 16 Uhr, 13/11/6 £

048cg-dr

45 Isle of Bute ★★★

Ein Trip an die Küste war lange der Urlaubsklassiker der Glaswegians. Es ging „doon the watter" – den Fluss hinab: Dampfer brachten Tausende auf dem Clyde oder vom Bahnhof Wemyss Bay auf die Isle of Bute.

Die günstigen Flugreisen ab den 1950er-Jahren ließen die Urlauberwellen abebben, doch das Seebad **Rothesay**, Hauptort der Isle of Bute, versprüht mit Strandpromenade und dem von einem Wassergraben umgebenen **Rothesay Castle** (12. Jh.) immer noch viel Charme. Eine spannende Tour samt launigem Livekommentar führt per **„Hop-on-Hop-off-Bus"** in gut anderthalb Stunden zu wunderschönen Ecken der Insel. Auch an einer der Hauptsehenswürdigkeiten, dem Gotikschloss **Mount Stuart**, macht man halt. Der Schlosspark ist so riesig, dass man stundenlang spazieren, ach was, wandern kann. Der 3. Marquess of Bute, **John Patrick Crichton-Stuart** (1847–1900), galt als reichster Mann Europas, sein Stammsitz wurde mit 1 Mio. £ zum teuersten Privathaus der damaligen Zeit. Es zählt 127 Zimmer und war mit elektrischem Licht, Telefonanschluss und einem beheizbaren Swimmingpool am Puls der Zeit.

Höhepunkte im neugotischen Traum sind die 25 m hohe **Marmorhalle** mit Buntglasfenstern, die drei Bibliotheken und der Salon mit Werken von **Tintoretto, Tizian** und **Veronese.** Die **Marmorkapelle** vereint französische, italienische und spanische Gotik und erstrahlt in weißem Carrara-Marmor.

› **Anfahrt:** Zug (Rail & Sail Ticket) bis Wemyss Bay, dann Fähre, www.scotrail.co.uk/tickets/combined-tickets-travel-passes/rail-and-sail

ℹ 11 **i-Centre Isle of Bute,** Victoria St, Rothesay, Tel. 01700 507043, www.visitscotland.com, Nov.–März Mo.–Sa. 10–16, So. 11–15, April/Mai tägl. 10–17, Juni, Sept., Okt. tägl. 9.30–17, Juli/Aug. tägl. 9.30–17.30 Uhr

› **Hop-on Hop-off-Bus:** ab Guildford Square, Rothesay, Tel. 01586 559135, https://citysightseeingbute.com, Ende Mai–Sept. tägl. 10.30, 12, 14.15, 16 Uhr, 12/10 £

★12 **Mount Stuart,** Tel. 01700 503877, www.mountstuart.com, Bus 490/90 ab Guildford Square, Rothesay, ca. Mitte April–Okt., genaue Zeiten und Preise siehe Website

Die Marmorhalle ist eins von vielen Highlights von Mount Stuart

049cg-dr

GLASGOW ERLEBEN

035cg-dr

Glasgow für Kunst- und Museumsfreunde

Glasgow verfügt über ein beeindruckendes Kunst- und Wissenschaftserbe, das oft in nicht minder spektakulärem architektonischen Rahmen präsentiert wird und eine große Bandbreite abdeckt. Der Eintritt in die städtischen Museen ist frei und das Angebot wird rege genutzt. Zeitgenössische Kunst und Design, Film und Fotografie sowie Performances findet man in zahlreichen, z. T. ebenfalls von der Stadt geförderten, Kulturzentren. Beinahe überall wird ein interessantes Rahmen- und Veranstaltungsprogramm geboten.

Museen

M13 [ag] **Fairfield Heritage,** 1048 Govan Rd, Tel. 0141 4455866, www.fairfieldgovan.co.uk, Subway: Govan, tägl. 13–16 Uhr, Eintritt frei. In der traditionsreichen Fairfield-Werft beleuchtet eine Ausstellung die Firmen- und Schiffsbaugeschichte am Clyde ab Mitte des 19. Jh.

M14 **Glasgow Museums Resource Centre,** 200 Woodhead Rd, Tel. 0141 2769300, www.glasgowlife.org.uk/museums, ScotRail: Nitshill, Mo.–Do. 10–17, Fr. 11–17 Uhr, Eintritt frei, nur mit Führung und Reservierung. Das städtische Museumsdepot gewährt Einblick in seine rund 1,4 Mio. Exponate zählenden Schätze. In den Museen sind gerade 2 % aller Objekte zu sehen.

M15 [H6] **Glasgow Police Museum,** 30 Bell St, 1. Stock, Tel. 0141 5521818, www.policemuseum.org.uk, April–Okt. Mo.–Sa. 10–16.30, So. 12–16.30 Uhr, Nov.–März Di. 10–16.30, So. 12–16.30 Uhr, Eintritt frei. Die Glasgow Police war 1800 die erste offizielle Polizei Großbritanniens und hat somit einige Jahre mehr Diensterfahrung als die Londoner Met (1829).

39 [aj] **House for an Art Lover.** Jahrzehnte nach Mackintoshs Tod wurde dieses Haus nach seinen Originalentwürfen gebaut und eingerichtet (s. S. 55).

30 [B2] **Hunterian Art Gallery and Mackintosh House.** Gemäldesammlung mit Werken v. a. schottischer Maler und das mit Originalmöbeln rekonstruierte Wohnhaus der Mackintoshs (s. S. 46).

29 [B3] **Hunterian Museum.** Archäologische Artefakte, naturwissenschaftliche Instrumente und anatomische Exponate sind im ältesten öffentlichen Museum Schottlands zu sehen (s. S. 46).

M16 [B3] **Kelvin Hall,** 1445 Argyle St, Tel. 0141 2761450, www.kelvinhall.org.uk, Subway: Kelvinhall, Mo.–Fr. 6.30–22, Sa. 8–17, So. 8–20 Uhr, Eintritt frei. Das riesige Gebäude von 1926 wird als Veranstaltungs- und Sportzentrum genutzt, dient als Depot für die städtischen Sammlungen (Führungen s. Website) und das Hunterian Museum 29. Auch eine Filiale der **National Library of Scotland** mit dem **Moving Image Archive,** das Tausende Dokus, Spielfilme und Mitschnitte von Tanzaufführungen beinhaltet, ist vertreten (Di., Do.–Sa. 10–17, Mi. 13.30–20 Uhr).

27 [B3] **Kelvingrove Art Gallery & Museum.** Kunst von Dalí, Monet, Rembrandt, der Glasgow School und Mackintosh, dazu Stadt- und Naturgeschichte (s. S. 42).

10 [F4] **Mackintosh at the Willow.** Das Visitor Centre gibt Einblick ins gesellschaftliche Leben in Glasgow um die Jahrhundertwende, die Geschichte der Teesalons und den Mackintosh-Stil (s. S. 25).

Vorseite: Grüne Oase – der Kibble Palace in den Botanic Gardens 31

25 [J7] **People's Palace.** Das sozialhistorische Museum widmet sich allen Aspekten städtischen Lebens ab 1750 (s. S. 40).

40 [ak] **Pollok House.** Wohnkultur des 18. Jh. und Gemälde von Meistern wie El Greco und William Blake (s. S. 56).

17 [J5] **Provand's Lordship.** Das älteste erhaltene Wohnhaus Glasgows entführt ins 15. und 16. Jh. (s. S. 35).

36 [bg] **Riverside Museum.** Im Verkehrsmuseum geht es vom Kinderwagen über Skateboard bis hin zu Lokomotiven um alles, was sich in Glasgow bewegt (hat) (s. S. 51).

34 [A5] **Science Centre.** Wissenschaft zum Anfassen nicht nur für Kinder, Imax-Kino und Planetarium (s. S. 49).

38 [D7] **Scotland Street School Museum.** Im letzten öffentlichen Gebäude, das Mackintosh in Glasgow baute, steht die schottische Schulgeschichte auf dem Stundenplan (s. S. 54).

M17 [dk] **Scottish Football Museum,** Hampden Park, Mount Florida, Tel. 0141 6166139, https://scottishfootballmuseum.org.uk, ScotRail: Mount Florida, Museum 10–17 Uhr (3 Tage/Woche), 8/3 £, Stadionführung tägl. 11, 12.30, 14, 15 Uhr, 8/3,50 £, Kombiticket 13/5 £, Tickets (Museum/Stadionführung) müssen im Voraus online gebucht werden. Die Geschichte des schottischen Fußballs seit 1867 erzählt das unterhaltsame Museum im Nationalstadion Hampden Park, das man in Führungen gleich mit besichtigen kann.

18 [J5] **St Mungo Museum of Religious Life and Art.** Religiöse Kunst und eine sehenswerte Ausstellung zur Bedeutung des Glaubens im Alltag der Menschen (s. S. 35).

41 [ak] **The Burrell Collection.** Von mittelalterlicher Kunst bis zu Rodin, Hogarth und Co. – die Sammlung umfasst rund 9000 Exponate (s. S. 57).

7 [F5] **The Lighthouse.** Hier haben das Centre for Architecture and Design und das Mackintosh Centre ihren Sitz. Kunst- und Design-Wechselschauen (s. S. 22).

› **The Museum of Piping.** Das kleine Museum im National Piping Centre **9** erzählt die Erfolgsgeschichte des Dudelsacks in Schottland (s. S. 24).

13 [E3] **The Tenement House.** Eine Zeitreise in die fast unveränderte Wohnung von Agnes Toward, die hier von 1911 bis 1965 lebte (s. S. 30).

Sollte man nicht drauf pfeifen: das liebevoll gestaltete Dudelsackmuseum im National Piping Centre **9**

026cg©Glasgow Life

MEIN TIPP

Frauen mit vielen Seiten

Bücher ausleihen? Geht auch. Die **Glasgow Women's Library** fungiert darüber hinaus als Museum, Archiv, Ausstellungsraum, Forschungs- und Kulturzentrum samt spannendem Veranstaltungskalender. Der gemeinsame Nenner: Geschichte und Geschichten, Kämpfe und Errungenschaften, das Leben und Erleben von Frauen. Wer in den Archiven recherchieren möchte, die z. B. das National Museum of Roller Derby, Memorabilien der Frauenwahlrechtsbewegung oder das Lesbian Archive beinhalten, muss sich drei Wochen vorher anmelden.

Tipp: Auf den **Women's Heritage Walks** lernt man zu Fuß oder per Rad Suffragetten, Unternehmerinnen, Künstlerinnen und ganz normale Frauen kennen.

18 [ej] **Glasgow Women's Library,** 23 Landressy St, Tel. 0141 5502267, https://womenslibrary.org.uk, ScotRail: Bridgeton, Di., Mi., Fr. 10–16.30, Do. bis 19, Sa. 12–16 Uhr, Eintritt frei, Heritage Walks s. Website, 10 £

Kunstgalerien

19 [B2] **artpistol Gallery,** 5 Cresswell Lane, Tel. 0141 3392834, www.artpistol.co.uk, Mi.–Fr. 11–17, Sa. 12–17 Uhr. Die Köpfe der Street-Art-Galerie sind Absolventen der Glasgow School of Art und bilden das Bindeglied zwischen Stadt und Kunstschaffenden in puncto Mural Trail (s. S. 26). Jedes Jahr werden Abschlusswerke von Kunsthochschul-Studierenden aus ganz Schottland ausgestellt.

12 [E4] **Centre for Contemporary Arts (CCA).** Das renommierte Kulturzentrum zeigt Wechselschauen mit Gegenwartskunst (s. S. 28).

3 [G5] **Gallery of Modern Art (GoMA).** Das meistbesuchte Haus für zeitgenössische Kunst in Schottland (s. S. 17).

› **Glasgow Print Studio,** im Trongate 103 **5**, Tel. 0141 5520704, www.gpsart.co.uk, Di.–Sa. 10–17.30 Uhr. Das Zentrum für Druckkunst bietet nicht nur Ausstellungen, sondern auch Drucke zum Kaufen.

20 [E4] **RGI Kelly Gallery,** 118 Douglas St, Tel. 0141 2486386, www.royalglasgowinstitute.org, Di.–Sa.10–17 Uhr. The Royal Glasgow Institute war 1861 die erste Institution, die regelmäßig Ausstellungen mit zeitgenössischer Kunst organisierte. Die Jahresschau ist heute die größte ihrer Art in Schottland. Aktuelles gibt es das ganze Jahr über zu sehen.

› **Street Level Photoworks,** im Trongate 103 **5**, Tel. 0141 5522151, www.streetlevelphotoworks.org, Di.–So. 12–17 Uhr. Die 1989 von der Glasgow Photography Group gegründete Galerie ist Plattform für Fotografen und Ausstellungsort für fotografische Arbeiten.

21 [G6] **The Glasgow Gallery of Photography,** 57 Glassford St, www.glasgowgalleryofphotography.com, Di.–Sa. 11–17 Uhr. Die noch junge Galerie zeigt Fotografie aus aller Welt, hat sich aber v. a. lokalen und (noch) unbekannten Talenten verpflichtet. Gut sortierter Kunstbuchladen, Events.

22 [H6] **The Modern Institute,** 14–20 Osborne St, Tel. 0141 2483711, Mo.–Fr. 10–18, Sa. 12–17 Uhr, www.themoderninstitute.com. Die 1997 von Toby Webster, selbst Absolvent der Glasgow School of Art, gegründete Galerie wird als die wichtigste der Stadt erachtet. Sie vertritt renommierte Künstler wie den Turner-Prize-Gewinner Martin Boyce.

› **Tramway** (s. S. 54). Avantgarde- und Gegenwartskunst in einem der größten Ausstellungsräume Europas.

23 [G6] **Transmission,** 28 King Street, Tel. 0141 5527141, https://transmis

siongallery.org, Di.–Sa. 11–17 Uhr. Seit 1983 wird die wegweisende Galerie für zeitgenössische Kunst von einem stets wechselnden Künstlergremium geführt. Bildende Künste, Video- und Performancekunst und Bildhauerei.

24 [A4] **Yard Life Gallery,** 17 Eastvale Pl, https://yardlife.tv, Mi.–Fr. 12–18 Uhr. Das feste Standbein der Graffiti- und Street-Art-Szene rund um Yardworks Festival und SWG3 (s. auch S. 52).

Kunst unter freiem Himmel

„Look up" („Schauen Sie nach oben") hört man in Glasgow immer wieder. Zu Recht: Die **Architektur** ist eine der Hauptattraktionen der Stadt und so gibt es wunderschöne Fassadendetails, Friese und Skulpturen zu entdecken. Aus dem viktorianischen Zeitalter stammen Bauwerke im neogotischen, klassizistischen und italienischen Stil, Jugendstil ist ebenso vertreten wie moderne und zeitgenössische Architektur.

Ins Auge fallen die **Murals** in der Stadt: Mal strecken sie sich giebelhoch oder über die Fassade eines ganzen Blocks, mal verstecken sie sich in Seitenstraßen. Die Stadt fördert die Graffiti-Kunst und so tauchen ständig neue Wandgemälde auf. Der **Mural Trail** (s. S. 26) verbindet viele der Kunstwerke miteinander.

Zu öffentlichen Kunstwerken, Wandreliefs und Fassadenkunst führt der **City Centre Contemporary Art Trail** (www.citycentrecontemporaryarttrail.co.uk). Auch der **Sculpture Garden** um das House for an Art Lover 39 ist mit Open-Air-Kunst bestückt.

Mein Tipp

Einmal Kunst mit Kaffee, bitte!

Der hohe Raum mit freigelegten Mauern, breiter Fensterfront und knarrendem Holzboden verströmt *arty vibes* – und das Gefühl trügt nicht: **The Alchemy Experiment** bringt Kunstgalerie, Shop und Café zusammen. Oben sitzt man beim Kuchenessen inmitten der Kunstwerke, im Untergeschoss werden Malerei, Fotografie und Druckkunst ausgestellt. Es gibt Workshops und Events und auch mal Livemusik. Der Shop verkauft Geschenke, Poster und Design sowie Fachmagazine. Ein inspirierender und vielfältiger Ort, an dem man auch einfach einen Kaffee trinken, das relaxte Ambiente und den Blick auf die quirlige Byres Road genießen kann.

25 [A2] **The Alchemy Experiment,** 157 Byres Rd., www.alchemyexperiment.com, Tel. 0141 7399051, Mo.–Sa. 9–18, Fr. bis 21, So. 10–17 Uhr

052cg-dr

Der „Citizen Firefighter" des Bildhauers Kenny Hunter vor dem voco Grand Central Glasgow (s. S. 128)

Glasgow für Genießer

Iss dich glücklich: Foodie-Metropole

„Gut essen in Schottland" klingt für viele in etwa so glaubwürdig wie „Einhörner in deutschen Wäldern". Doch die Gastroszene Glasgows belehrt Zweifler genussvoll eines Besseren und hat sich in den letzten Jahren den Ruf einer der vielfältigsten und innovativsten Restaurantlandschaften Großbritanniens erkocht. Dabei wird auf gutes Essen und Trinken Wert gelegt, nicht auf steife Etikette und Chichi. Selbst für einen Besuch in den teureren Lokalen muss sich niemand in schicke Fummel werfen und die Weinanbaugebiete Europas auswendig lernen, es geht leger und informell zu.

Die kulinarische Revolution ging insbesondere vom **West End** aus, wo sich lohnenswerte Adressen an der Byres Road [A3–B1], der Ashton Lane [B2], am **Finnieston Strip** (s. S. 42) und an der Great Western Road [B1–D2] in Hillhead konzentrieren. Auch in der **Merchant City** ❹ und der **Innenstadt** knubbeln sich die Restaurants. In der **Southside** sind entlang der Pollokshaws Road [cj–k] und der Nithsdale Road [cj] in Strathbungo gastronomische Hotspots entstanden.

Zu den Hauptzutaten der neuen Glasgower Küche gehören **hochwertige regionale sowie saisonale Produkte** und das **kulinarische Erbe der Einwanderer.** Traditionelle schottische Gerichte werden modern interpretiert, globale Einflüsse authentisch und spielerisch aufgegriffen. Gefragt sind neben schottischem Wild und Wildgeflügel, Aberdeen-Angus-Rind und Lamm v. a. frischer Fisch und Meeresfrüchte wie Lachs, Miesmuscheln von Barra, Jakobsmuscheln von Mull, Shetland-Kabeljau, Garnelen und Orkney-Austern. Man setzt nicht nur auf Bio, selbst gezogenes Gemüse und Kräutergärten, sondern greift auch den „Foraging"-Trend (Pilze-, Früchte-, Kräutersammeln in der Region) auf. Eine Reihe innovativer Lokale kocht vegetarisch oder komplett vegan und auch die fleisch- und tierproduktfreien Gerichte der meisten Restaurants gehen weit über das gewohnte Angebot hinaus.

> **Gastro- und Nightlife-Areale**
> Bläulich hervorgehobene Bereiche in den Karten kennzeichnen Gebiete mit einem dichten Angebot an Restaurants, Bars, Clubs, Discos etc.

Zu den Wegbereitern der **modernen schottischen Küche** gehört **Ubiquitous Chip** (s. S. 73). Der Name war zur Eröffnung 1971 eine Kampfansage: „Die allgegenwärtige Fritte" spielt auf den Speiseplan der Schotten an – damals war der Laden der einzige in ganz Glasgow, der keine Pommes servierte. Gründer Ronnie Clydesdale war einer der Ersten, der althergebrachte schottische Rezepte neu interpretierte, mit lokalen Zutaten kochte und auf der Speisekarte verriet, woher seine Produkte stammen. Kürzlich hat „The Chip" die Besitzer gewechselt – die treue Fangemeinde wird genau hinschauen, ob die der Institution und deren Grundsätzen gerecht werden. Immerhin entwickelten die sich für viele Gastronomon der Stadt zum nachahmenswerten Standard. Zum Beispiel für Peter McKenna und Ivan Stein, die mit dem 2013 eröffneten **The Gannet** (s. S. 73) zum Aufstieg Finniestons zum Foodie-Hotspot beigetragen haben. Sie wissen selbst beim kleinsten Salatblatt, welcher Farmer es angebaut hat. Auch **Crabshakk** (s. S. 72) ist ein Veteran der Szene und bietet, ebenso wie das **Number 16** (s. S. 72), Top-Fisch- und Meeresfrüchteküche.

Italienische Einwanderer, die ab Mitte des 19. Jh. nach Glasgow kamen, brachten den Glaswegians nicht nur das Eisessen bei, sondern eröffneten auch Pizzerien, Feinkostläden und *chippies* (Fish & Chip Shops, das scheinbar urbritische Gericht geht auf italienische Einflüsse zurück). So knüpft das **Eusebi Deli** (s. S. 75) an Familientraditionen an und **Paesano** (s. S. 76) eroberte mit neapolitanischer Pizza die Stadt im Sturm. Ein weiteres kulinarisches Standbein ist die **indische Küche:** 1959 machte das erste Restaurant auf, heute ist Glasgow die „Curry-Hauptstadt" Schottlands. Wesentlich dazu beigetragen hat Monir Mohammed, dessen **Mother India** (s. S. 75) seit 1990 die Messlatte für indische Küche bildet.

Anderswo noch der letzte Schrei, in Glasgow schon lange in: Gerichte in Tapasgröße, von denen man mehrere in der Gruppe teilen kann. Vorreiter des Trends war der Szeneliebling **Ox and Finch** (www.oxandfinch.com).

All diejenigen, die die Stadt am Clyde lange für zu proletisch für Michelinsterne hielten, wurden jüngst eines Besseren belehrt: 2021 bekam das **Cail Bruich** (s. S. 71) den ersten, 2022 **Unalome** (www.unalomebygc.com) den zweiten Stern. Beide Restaurants finden sich: natürlich im West End.

Was wäre Glasgow ohne seine Fischküche? Fangfrische Ware in Topqualität hat Glasgow's Fish Plaice (s. S. 90).

053cg-dr

„Green Shakshuka" im Absolute Roasters (s. S. 76) liefert Energie

054cg-dr

Original Afternoon Tea im Mackintosh at the Willow 10

056cg-dr

Typisch Schottland, typisch Glasgow

Wer mit einem **Full Scottish Breakfast** in den Tag startet, ist erst einmal satt. Auf den Teller kommen Rühr- oder Spiegelei, Bohnen in Tomatensoße *(baked beans)*, Würstchen und Speck, gebratene Tomaten und Pilze, Kartoffelrösti *(hash browns)* sowie Toast. So weit, so britisch, schottisch wird das Ganze mit Blutwurst *(black pudding)* und Haggis (Schafsinnereienbrät) – im Übrigen auch vegetarisch und vegan zu bekommen. Insbesondere am Wochenende gehört **Brunch** in Glasgow zum Volkssport, gern mit Cocktail als *boozy brunch*. Gereicht werden *eggs benedict* (pochierte Eier), kunstvoll mit Obst verzierte *pancakes* und Pfannengerichte *(skillets)* wie Shakshuka. Den ganzen Tag über beliebt sind Sandwiches – *piece*, wie sie im Glasgower Dialekt heißen –, die fast in allen Cafés und Bistros auf der Karte stehen. Das Brot – am liebsten aus Sauerteig *(sourdough)* – kommt aus kleinen Bäckereien, viele Restaurants und Cafés werden von der Freedom Bakery beliefert, ein soziales Projekt, das (Ex-)Häftlinge zu Bäckern ausbildet.

Zum **Lunch** nimmt man zum *piece* gern eine Suppe. Ebenso wie die *jacket potato* (Ofenkartoffel) ist sie preiswert und sättigt. Wer etwas mehr Zeit einplant, sollte nach *lunch deals* oder einem *set lunch* schauen: Zum günstigen Festpreis bieten viele – auch sehr gute – Restaurants mehrere Gänge an.

In den zahlreichen kleinen, unabhängigen Cafés sorgen herrliche Kuchenbuffets und süße Teilchen für den Zucker-Shot, dazu wird in Glasgow gerösteter Kaffee aus ethisch korrektem biologischem Bohnenanbau aufgebrüht. Die Röstereien Papercup, Ovenbird, Dear Green Coffee, Faodail und The Steamie Coffee produzieren alle lokal. Beinahe Pflicht ist ein **Afternoon Tea** in einem Tearoom, zu dem kleine Sandwiches, Scones mit *clotted cream*, Marmelade und gern auch ein Glas Champagner oder Gin Tonic serviert werden.

Im **Pub** regieren bodenständige Gerichte, z. B. Mac 'n' Cheese, Haggis, Neeps and Tatties (Haggis mit Rüben- und Kartoffelpüree) oder Fish 'n'

055cg-dr

Chips. Letztere gibt es samt Pommes natürlich auch im *chippie.*

In puncto **Getränken** ist Glasgow mit einer ausgezeichneten Auswahl an (schottischem) Bier, Whisky und Gin gesegnet. Einige lokale **Brauereien** wie **Tennent's** 20, **WEST** (s. S. 82) und **Drygate** (s. S. 37) betreiben eigene Lokale und ihre Biere werden in vielen Kneipen ausgeschenkt. Hinzu kommen Brew Pubs wie **Shilling** (s. S. 81), wo kleine Mengen vor Ort gebraut und gezapft werden, und Bars von Craftbeer-Brauereien wie **Innis & Gunn** (s. S. 81). Meist gibt es mehrere Sorten am Hahn *(on tap),* man sollte aber auch einen Blick auf die Flaschenbiere werfen, häufig ist die Auswahl so vielfältig wie außergewöhnlich, was auch der boomenden Craftbeer-Szene zu verdanken ist: Szeneneulinge wie **Overtone** (www.overtonebrewing.com) und **Hidden Lane Brewery** (www.hiddenlanebrewery.com, Führungen) haben die Herzen von Bierfans im Sturm erobert. So lassen sich in Glasgow mehrere Kneipenabende am Stück absolvieren, ohne auch nur einmal eine Biersorte zweimal trinken zu müssen. Wer kein ganzes *pint* (568 ml) schafft, bestellt ein *half pint,* also die Hälfte.

Whiskyfans sollten in spezialisierte Bars wie **Bon Accord** (s. S. 80), **Pot Still** (s. S. 81) oder **Ben Nevis** (s. S. 80) gehen, doch ist die Auswahl überall groß. Häufig wird in den Pubs ein **Malt of the month** für rund 3 £ angeboten. **Gin** ist auch in Glasgow in aller Munde, eine Spitzenauswahl vor allem einheimischer Marken bieten die Bars von Gin71 (s. S. 82).

Full Scottish Breakfast in vegan? Geht! Zum Beispiel bei The Glasvegan (s. S. 74).

MEIN TIPP

Essen gehen

- In den meisten Lokalen wird einem ein **Platz zugewiesen.** Im **Pub** bestellt man Getränke und Essen an der Theke, gibt seine Tischnummer an und bezahlt sofort. Der Service bringt die Speisen an den Tisch, die Getränke nimmt man direkt mit.
- **Frühstück** wird i. d. R. bis 11/11.30 Uhr serviert, **Lunch** zwischen 12 und 14.30 Uhr und **Dinner** ab 17/18 Uhr bis 21 Uhr (Pubs) oder 22 Uhr. **Brunch** gibt es v. a. in vielen Cafés bis weit in den Nachmittag. Günstige Menüs werden mittags und am frühen Abend (*pre-theatre,* ca. 17–18.30 Uhr) angeboten.
- **Trinkgeld:** ca. 10 %. Eine *service charge* taucht oft bereits auf der Restaurant- oder Pubrechnung auf. Falls nicht oder möchte man mehr Trinkgeld geben, sagt man das beim Bezahlen dazu.
- In angesagten Restaurants empfiehlt sich v. a. am Wochenende eine **Reservierung.**
- In Schottland ist das Bezahlen mit Karte wesentlich verbreiteter als hierzulande, inzwischen akzeptieren einige Lokale sogar **nur noch Kartenzahlung.** Das sollte man ggf. im Vorhinein beachten.

Empfehlenswerte Lokale

Schottische Küche

26 [B1] **Cail Bruich** £££, 725 Great Western Rd, Tel. 0141 3346265, www.cailbruich.co.uk, Di.–Do. 18.30–24, Fr., Sa. 12–17, 19–24 Uhr. „Iss gut" bedeutet der gälische Name, seit 2008 setzen hier die Brüder Chris und Paul Charalambous auf schottische Küche mit lokalen Produkten. Chris arbeitete einst im berühmten Noma in Kopenhagen mit René Redzepi zusammen. 2020 übernahm Lorna

Preiskategorien
Preistendenz für ein Hauptgericht ohne Getränke:

£	bis 12 £
££	12–25 £
£££	ab 25 £

McNee den Posten der Küchenchefin und erkochte in nur fünf Monaten einen Michelinstern – übrigens als einzige Frau in ganz Schottland.

27 [C4] **Crabshakk** £££, 1114 Argyle St, Tel. 0141 3346127, www.crabshakk.com, Mi.–Mo. 12–24 Uhr. Ein gutes Fischrestaurant erkennt man an der Qualität der Tageskarte – und die ist im Crabshakk, einem der Wegbereiter der Gastroszene in Finnieston, top und v. a. fangfrisch. Spannende Kombis: z. B.Heilbutt an Puy-Linsen, Spinat und Kürbispüree oder Kabeljau mit Olivenjus und Blutwurst. Seit Kurzem gibt es die größere Dependance Crabshakk Botanics.

28 [E5] **Duke's Umbrella** ££, 363 Argyle St, Tel. 0141 7327073, www.dukesumbrella.com, tägl. 12–24 Uhr. Unter der hohen Decke standen mal Pferde, wurde Brot gebacken und Männermode verkauft – heute sitzt man im indirekt beleuchteten Gastropub sehr angenehm und hat dank der stilvollen Einrichtung viel zu gucken. Das Essen (eigene vegetarische und vegane Karte) hält mit Leichtigkeit mit: schottisches Pub-Essen *next level* und original Sunday Roast. Gute Drinks!

29 [G5] **Glaschu** £££, 32 Royal Exchange Sq, Tel. 0141 2482214, https://glaschurestaurant.co.uk, tägl. 12–23 Uhr. Nicht nur die Lage im Western Club am Royal Exchange Square ist top: Dem neuen Lokal gelingt die Balance aus edel und unprätentiös, schick und entspannt, moderner und schottischer Küche. Fisch, Meeresfrüchte, Wild, Rindfleisch und Geflügel – in hervorragender Qualität und wunderbar zubereitet.

30 [A3] **Number 16** ££, 16 Byres Rd, Tel. 0141 3395244, www.number16.co.uk, Mo.–Sa. 12–14.30, 17.30–21, So. 13–14.30, 17.30–20.30 Uhr. Klein, aber fein. Die modern-schottische Karte wird gemäß den Jahreszeiten gestaltet. Topküche ohne Chichi, besonders die Fischgerichte. Set Lunch mit zwei/drei Gängen 21/27 £.

31 [B1] **Old Salty's** £, 337 Byres Rd, Tel. 0141 3786592, Facebook, tägl. 9–23 Uhr. Der Chippie wurde 2021 zum besten Fish'n'Chips-Lokal Schottlands gewählt. Das für viele urbritische Gericht geht auf italienische Einwanderer zurück

Das Stravaigin lohnt sich auch für die stimmungsvollen Trad Nights

und hier liegen auch die Wurzeln des Restaurants. Neben klassischem *fish supper,* der traditionellen Fischsuppe Cullen Skink und schottischen Lieblingen wie Mac 'n' Cheese stehen hier auch Chicken milanese und Pasta auf der Karte.

32 [C2] **Stravaigin** ££, 28 Gibson St, Tel. 0141 3342665, www.stravaigin.co.uk, Mo./Di. 17–24, Mi.–Fr. 12–24, Sa./So. 11–24 Uhr (Brunch Sa./So. bis 16 Uhr). Lokale Zutaten treffen auf kulinarische Einflüsse aus aller Welt. Insbesondere asiatische und arabische i-Tüpfelchen krönen schottische Klassiker. Seit 25 Jahren eine feste Größe im West End und bereits mehrmals im Bib Gourmand aufgeführt.

33 [B4] **The Butchershop Bar & Grill** ££–£££, 1055 Sauchiehall St, Tel. 0141 3992999, www.butchershopglasgow.com, So.–Do. 12–23, Fr./Sa. 12–24 Uhr, Set Lunch (2/3 Gänge) Mo.–Fr. 12–16 Uhr, 21/25 £. Auf dem Teller landen hier ausschließlich schottische Rinder, die im Freien lebten, mit Gras und Wurzelfrüchten gefüttert wurden und deren Fleisch über mehrere Wochen trocken gereift ist. Der Service ist auf den Punkt und so lässig, dass man ihm sogar die konsequente „Sir"- und „Madam"-Anrede abnimmt, ohne sich alt zu fühlen.

34 [C4] **The Gannet** £££, 1155 Argyle St, Tel. 0141 2042081, www.thegannetgla.com, Mi.–So. 17.30–20.45, Fr./Sa. 12–14, So. 12.30–14.30 Uhr. Das Restaurant ist *die* Messlatte für moderne schottische Küche in Glasgow. Peter McKenna verarbeitet für seine kreativen Gerichte nur, was die ausgesuchten Produzenten in Schottland anbauen, schlachten, herstellen und sammeln.

35 [B2] **Ubiquitous Chip** ££–£££, 12 Ashton Lane, Tel. 0141 3345007, www.ubiquitouschip.co.uk, Restaurant Mi., Do. 17–24, Fr.–So. 12–24 Uhr, Brasserie tägl. 12–24 Uhr. Seit 40 Jahren kulinarischer Rebell, Wegbereiter und Institution: Im Restaurant und der günstigeren Brasserie setzt man auf lokale Produkte und mit Jakobsmuscheln von Barra, Cumbrae-Austern, Angusrind und Haggis aus Wildfleisch auf schottische Küchentrümpfe. Zum stylish-lässigen Ambiente gehören Kunstwerke wie die Murals von Alasdair Gray. Außerdem: The Corner Bar, The Upstairs Bar (tägl. 12–24 Uhr), The Rooftop Terrace (tägl. 12–22 Uhr) und die winzige The Wee Whisky Bar (tägl. 12–24 Uhr).

Mein Tipp

Trends zum Vernaschen – Streetfood Markets

36 [B4] **Dockyard Social,** 95 Haugh Rd, www.dockyardsocial.com, Fr. 17–23, Sa. 12–23, So. 12–20 Uhr, 5 £ Eintritt (ab 18 J.). Aus dem Pop-up-Markt hat sich eine wöchentliche Veranstaltung in Finnieston entwickelt. Die zehn Anbieter wechseln alle zwei Wochen, ebenso die Bars mit Craftbeer, Wein und Cocktails.

37 [F6] **Platform at Argyle Street Arches,** 253 Argyle St, https://argylestarches.com/platform, Fr. 16–24, Sa. 12–24, Küche bis 20.45 Uhr. In den Bahnhofsgewölben bieten wechselnde Stände internationales Streetfood an. Die Bar bestückt die schottische Biermarke Innis & Gunn, außerdem gibt es eine Eigenmarke und Craftbeer. Kinder dürfen bis 20 Uhr mit rein. DJs und Biergarten.

38 [A6] **The Big Feed,** 249 Govan Rd, www.big-feed.com, Termine s. Website, 2 £ Eintritt. Lichterketten, originelle Food Trucks mit Essen aus aller Welt und die große Bar zaubern ein einladendes Ambiente mit Livemusik und Kinderbespaßung. Die Big Feed Kitchen ist von Do. bis So. im Courtyard der Mall Princes Square (s. S. 91) vertreten.

Vegan und vegetarisch

39 [H5] **Picnic** £, 103 Ingram St, http://picnic-cafe.co.uk, Mo.–Sa. 9–16, So. 9–15 Uhr. Hauptsächlich lokale Zutaten kommen in komplett vegane Bagels, Sandwiches, Frühstücks-Porridge, Suppe, Burger, Wraps und Bowls. Außerdem gibt es Kuchen und Süßes. Eine eigene Mahlzeit sind die ungewöhnlich kombinierten Smoothies wie Heidelbeere mit Grünkohl und Avocado.

› **Saramago Café Bar** £, im CCA 12, Tel. 0141 3524920, www.cca-glasgow.com/shops-and-bar-café/saramago-cafe, Di.–Sa. 11–24, Küche bis 21 Uhr, Do.–Sa. abends DJs. Im luftigen Atriumcafé und in der charmanten Terrace Bar kommen selbst gebackenes Brot und von der asiatischen und der Levante-Küche beeinflusste vegetarische oder vegane Speisen auf den Tisch. Das Ambiente ist leger, viele Studenten der benachbarten Glasgow School of Art 11 lassen sich an lauen Abenden auf der Terrasse Fassbiere und Weine schmecken.

40 [F5] **Stereo** £, 22–28 Renfield Lane, Tel. 0141 2222254, www.stereocafebar.com, So.–Do. 12–24, Fr./Sa. 12–3 Uhr (Küche bis 21 Uhr). Im 1904 von Mackintosh entworfenen Daily Record Building in einer Gasse im City Centre versteckt sich dieses hippe Lokal. Auf der Karte: international beeinflusste vegane Snacks, Bagels, Burger, Tacos und Ramen.

41 [B4] **The 78** £, 10–14 Kelvinhaugh St, Tel. 0141 5765018, www.the78barandkitchen.com, Küche Mo.–Fr. 17–21, Sa./So. 12–21 Uhr, Bar bis spät. Im großen Gastraum mit Kamin wird vom Frühstück über Kindergerichte (bis 19 Uhr) und Burger, Salate oder Pasta bis hin zu Desserts vegan aufgetischt. Internationale Bierauswahl.

42 [F6] **The Glasvegan** £, 50 St Enoch Sq, Facebook, Mo.–Do. 9–19, Fr.–So. 9–20 Uhr. Hier bleiben keine veganen Wünsche offen: Wraps, Sandwiches, Burger, „Not-Dogs", „Döner Vebab" aus Seitan, „Mac & Cheez", „i-scream"-Milkshakes und Smoothies werden im kleinen Imbiss freundlich über den Tresen gereicht. Außerdem Full Scottish Breakfast. Alles auch zum Mitnehmen.

43 [D2] **The Hug and Pint** £, 171 Great Western Rd, Tel. 0141 2582882, www.thehugandpint.com, Mo.–Mi. 17–24, Do.–So. 12–24 Uhr. In diesem alternativen Lokal ist vom Bier bis zu den Speisen alles vegan. Die hochgelobte Küche hat einen asiatischen Einschlag. Beim Boozy Brunch (Sa./So. 12–17 Uhr) gibt es zwei Gerichte und drei Getränke pro Nase für 25 £.

Internationale Küche

44 [F5] **Babs** £, 49 West Nile St, Tel. 0141 4651882, https://babs.co.uk, tägl. 12–22 Uhr. Mit blau-weiß gemusterten Kacheln und Mosaikfliesen, offener Küche, Holzkohlegrill und indirekter Beleuchtung verbreitet das Lokal orientalisches Ambiente. Kebabs im Fladenbrot, als Schisch- oder Iskender-Variante, mit Rind, Lamm, Fisch oder Halloumi und Köfte sind eine Hommage an die Vielseitigkeit des Kebabs. Fantasievolle kalte und warme *mezze* kitzeln den Gaumen.

45 [F5] **Bread Meats Bread** £, 65 St Vincent St, Tel. 0141 2499898, http://breadmeatsbread.com, tägl. 11–22 Uhr. Neben Klassikern begeistern exzellente Burger wie der „Black 'n' Blue" mit Blutwurst und Blue Cheese Mayo oder der „Lower East Side Pastrami Burger" mit geräucherter Pastrami. Auch die *Poutine* (Pommes mit Käse und Bratensoße), Halloumi-Pommes und veganen Optionen sind spitze. Glutenfrei, Halal und Kinderkarte, Filiale im West End.

46 [G6] **Café Cossachok** ££, 10 King St, Tel. 0141 5530733, www.cafecossachok.com, Mi.–So. 12–23 Uhr. Authentisches russisches Essen und selbst gemachten Wodka bietet dieses exotische Lokal. Sehr netter Service, gutes Mittagsangebot.

47 [A2] **Chaakoo Bombay Café** ££, 61 Ruthven Lane, Tel. 0141 3348560, www.chaakoo.co.uk, So.-Do. 12-21, Fr./Sa. 12-22.30 Uhr. Herrlich cremige Currys, knusprige Kebab-Gerichte aus Fisch und Fleisch, Zitronenreis und Himbeerlassi – Chaakoo bringt die Küche, die sich in Indien im 19. Jh. mit Gerichten iranischer Immigranten verband, nach Glasgow. Auch die Drinks können sich sehen lassen, z. B. der vegane White Russian mit Hafermilch.

48 [C2] **Eusebi Deli** ££, 152 Park Rd, Tel. 0141 6489999, https://eusebideli.com, Mi.-Mo. von 8 Uhr bis spät (eigene Brunch-Karte). Mittags drängen sich Hungrige an der Theke mit Salaten und kleinen Gerichten zum Mitnehmen, während in der Pastaküche frischer Nachschub geknetet wird. Auf der häufig wechselnden Karte wird die komplette Bandbreite der italienischen Küche nach saisonaler Ausrichtung bespielt und superb zubereitet. Abends reservieren. Himmlische Kuchen und Törtchen aus eigener Herstellung.

49 [B2] **Hanoi Bike Shop** £-££, 8 Ruthven Lane, Tel. 0141 3347165, www.hanoibikeshop.co.uk, Mo. 17-22, Mi.-So. 12-22 Uhr. Die namengebenden Drahtesel sind allgegenwärtig und auch die Karte dieses coolen vietnamesischen Restaurants zeigt Streetfood-Einfluss. Der Tofu ist hausgemacht, die Speisenkombinationen kreativ. Tipp: Pho aus dem „Baukasten", bei der man sich die Zutaten selbst aussucht.

50 [ck] **Julie's Kopitiam** £, 1109 Pollokshaws Rd, Tel. 0141 2379560, www.julieskopitiam.com, Di.-So. 12.30-15.30, 17-21 Uhr. Vom Streetfood-Stand zum Restaurant mit Guide-Michelin-Empfehlung hat Julie MacLeod mit ihrem kleinen malayischen *kopitiam* (Bistro) einen bemerkenswerten Sprint unter die besten Lokale der Stadt hingelegt.

51 [C4] **Mother India** £-££, 28 Westminster Terrace, Tel. 0141 2211663, www.motherindia.co.uk, Mo.-Do. 17-21.45, Fr./Sa. 13-22, So. 13-21.45 Uhr. Das 1990 in Finnieston eröffnete indische

Liegt zwar im Hinterhof, muss sich kulinarisch aber nicht verstecken: The Hanoi Bike Shop

058cg-dr

Restaurant ist eine Legende und sobald man eins der authentisch mit frischen Zutaten zubereiteten Gerichte probiert, ist klar, warum.

52 [F5] **Nippon Kitchen** £-££, 91 West George St, Tel. 0141 3283113, www.nipponrestaurant.co.uk, Mo.-Do. 12-22, Fr./Sa. 12-23, So. 12.30-22 Uhr. In den holzvertäfelten Räumen einer früheren Bank werden Sushi, Suppen, Nudel-, Reis-, Yakimono-Gerichte und Bento Boxes in immenser Auswahl aufgetischt. Vegane und glutenfreie Karte. Als Digestif locken japanische Whiskys.

MEINE TIPPS

Dinner for one

Schräg angeschaut werden Solo-Gäste nirgendwo, selbst im Pub hat man bei Bedarf seine Ruhe. Ohne am Katzentisch platziert zu werden, speist man allein angenehm im **Saramago** (s. S. 74), bei **Paesano** (s. S. 76), bei **Number 16** (s. S. 72) oder an den Fenster-Hochtischen in **Duke's Umbrella** (s. S. 72).

Für den späten Hunger

An der Ausgehmeile Sauchiehall Street [E4] reihen sich Fast-Food-Ketten und Imbisse aneinander, ebenso rund um die Kreuzung Argyle und Union Street [F6] im Stadtzentrum. Hier wird man bis in die Nacht satt. Auch das **Maggie Mays** (s. S. 83) in der Merchant City oder die **Slouch Bar** (s. S. 82) im City Centre tischen bis spät auf.

Lokale mit guter Aussicht

Mit Blick auf den Clyde, den Finnieston Crane und das SEC bleibt man in der **Red Sky Bar** (s. S. 81) gern länger sitzen. Einen Blick in die Brauerei der Craftbeer-Enthusiasten hat man bei **Drygate** (s. S. 37). Über die Dächer der Innenstadt schaut man von der Rooftopbar des **Windows Restaurant** (s. S. 81).

53 [G5] **Paesano** £, 94 Miller St, Tel. 0141 2585565, https://paesanopizza.co.uk, So.-Do. 12-22.30, Fr./Sa. 12-23 Uhr. Originale *pizza napoletana* ist das Zugpferd einer der beliebtesten Pizzerien der Stadt. Der Holzofen und die Pizzakunst wurden aus Neapel importiert, viele Zutaten kommen ebenfalls aus Italien. Lebendig und stets voll. Zweite Filiale im West End (471 Great Westen Rd).

Cafés und Bistros

54 [A2] **Absolute Roasters** £, 70-72 Hyndland St, Tel. 0141 7376989, So.-Do. 9-18, Fr./Sa. 9-23 Uhr. Vom Pop-up zum beliebten Frühstücks- und Brunchlokal in Hyndland: Wie wäre es mit Green Shakshuka, Japanese Toast oder Türkischen Eiern? Kleine Gerichte, Gebäck und Kaffee gibt es den ganzen Tag, abends auch prima Drinks. Hip, fröhlich und entspannt.

55 [ck] **Café Strange Brew** £, 1082 Pollokshaws Rd, Mo.-Sa. 9-17, So. 9-16 Uhr. „The place is mobbed", wie die Schotten sagen, also voll, v. a. am Wochenende. Auf der Karte: Shakshuka, pochierte Eier über Chorizo, Spinat oder Black Pudding, vegane Optionen und süße Köstlichkeiten. Der Koffeinkick kommt von der lokalen Rösterei Dear Green Glasgow. Vielfach preisgekrönt und unangefochtene Brunch-Majestät.

56 [C2] **Cottonrake** £, 497 Great Western Rd, www.cottonrake.com, Mo.-Sa. 8-17, So. 9-16 Uhr. In der winzigen Bäckerei wandern u. a. köstliches Sauerteigbrot, saftig belegte Vollkornbrötchen und Panini über den Tresen. Die süßen Kreationen sind der Hit. Tipp: Treacle and Pecan Sponge Tart. Wenige Sitzplätze, alles auch zum Mitnehmen. Nur Kartenzahlung!

57 [eh] **Mesa** £, 567 Duke St, Facebook, tägl. 9-16 Uhr. Ins East End lockt dieser Szeneliebling. Chef Andrea Bartolini kommt aus Sardinien und liebt nicht nur guten Kaffee – im Mesa wird Ovenbird-Kaffee aus Glasgow serviert –, sondern auch eine mediterran inspirierte Küche, die er mit schottischen Standards zu einzigartigen und schön anzusehenden (*pancakes* mit Essblumen!) Brunch- und Lunch-Kreationen kombiniert.

58 [B1] **Morning Glory** £, 657 Great Western Rd, https://fivemarch.co.uk/morningglory, tägl. 8–18 Uhr. Ungewöhnliche Brunch-Optionen, z. B. deftige Brühe, gerösteter Mais, Süßkartoffeln und Wakame mit Klassikern wie Shakshuka oder Toasties. Selbst die haben es in sich: Ein Toastie aus der winzigen Küche reicht für zwei Mahlzeiten – und schmeckt himmlisch. Alles auch zum Mitnehmen.

59 [F5] **piece** £, 14 Waterloo St, www.pieceglasgow.com, Mo.–Fr. 8–16 Uhr. Schon frühmorgens werden hier frisch *pieces* (Glaswegian für Sandwiches) zubereitet. Nicht so günstig wie im Supermarkt, dafür ausgefallen, z. B. Hummus, gerösteter Blumenkohl, eingelegte rote Zwiebeln und grüne Soße oder Pulled Pork, Slaw, geröstete Sojasprossen und Chillis. Mehrere Filialen.

60 [G5] **Singl-end Merchant City** £, 15 John St, http://thesingl-end.co.uk, tägl. 9–17 Uhr. Die Kuchen- und Gebäcktheke macht süße Träume wahr und die Entscheidung schwer. Insbesondere, weil die herzhaften Gerichte ebenso lecker sind: Quiches, ausgefallene Salatkombis und turmhoch belegte Sandwiches konkurrieren mit Frühstück und Brunch. Vegan, vegetarisch, Kinderkarte. Filiale in Garnethill.

Stylish, lecker und Brunch „all day long": Das Mesa muss man einfach lieben

059cg-dr

61 [C4] **The Steamie** £, 1024 Argyle St, https://thesteamie.co.uk, Fr.–So. 9 Uhr bis spät. *Steamie* nannte man die städtischen Waschküchen, heute dampft hier der selbst geröstete Kaffee. Der kommt aus der unabhängigen Rösterei, die mit traditionellen Trommelröstern arbeitet. Frühstück, Brunch, Snacks und Kuchen.

Tearooms

62 [F4] **Cup Tea Lounge**, 71 Renfield St, https://cuptearooms.co.uk, Mo.–So. 9–18 Uhr. Keramikfliesen vom Boden bis zur Decke, raumhohe Spiegel und verzierte Säulen: Bei so viel viktorianischem Pomp kann es ruhig mal Schampus zum Afternoon Tea sein (24 £, plus 6 £ für Champagner oder Gin). Auch vegetarisch, vegan und glutenfrei.

63 [C4] **Hidden Lane Tearoom** £, The Hidden Lane, 1103 Argyle St, www.hiddenlanetearoom.com, Afternoon Tea Mo.–Fr. 12–15.30, Sa. 12–16, So. 12–15 Uhr, Reservierung erforderlich.

Tassen und Teller im Blümchenmuster, Etageren mit duftenden Scones und gemütliche Wohnzimmeratmosphäre.

⑩ [F4] **Mackintosh at the Willow** ££. Teetrinken als Erlebnis im Mackintosh-Gesamtkunstwerk, auch vegetarisch und vegan (s. S. 25).

Süßes und Eis

64 [B2] **Koko House,** 175 Great George St, www.kokohouse.co.uk, Mo.–Fr. 8–18, Sa./So. 10–18 Uhr (Pancakes jeweils ab 10 Uhr). Keine „normalen" Pancakes, sondern: Soufflé Pancakes nach japanischer Art. Ein Bissen davon reicht und man ist sofort bereit, die eigene Großmutter dafür zu verkaufen. Süß eingerichtet und sehr nette Atmosphäre. Auch herzhafte Snacks.

65 [B1] **Loop & Scoop,** 665 Great Western Rd, https://loopandscoop.com, Mo.–Do. 12–22, Fr./Sa. 11–23, So. 11–22 Uhr. In der quietschbunten Eisdiele muss sich niemand zwischen Eis und Churros entscheiden, denn die Spezialität sind die namengebenden „Loop & Scoop"-Becher: zwei *scoops* (Bällchen) Eis nach Wahl und ein *loop* (Riesen-Churro) obendrauf. Ebenfalls lecker: gefüllte Churros, „Churros-Austern" und die „Churros-Lollipops". Einfach Eis essen geht natürlich auch. Sit-in und Take-away.

66 [F5] **Tantrum Doughnuts,** 28 Gordon St, www.tantrumdoughnuts.com, Mo.–Fr. 8.30–18.30, Sa./So. 10–18.30 Uhr. Der Brioche-Teig reift 16 Stunden, die Toppings und Füllungen für die Doughnuts kommen nicht aus dem Tütchen, sondern werden vor Ort hergestellt. Das lohnt: Die fluffigen Kreationen, z. B. Pistazie-Hibiskus, Cherry Cheesecake oder vegane Erdnussbutter, zergehen im Mund. Nicht zu spät kommen, was weg ist, ist weg. Mehrere Filialen. Sit-in und Take-away.

Glasgow am Abend

Die Glaswegians sind Feierbiester: Bereits am Donnerstagabend wird das Wochenende eingeläutet und noch am Sonntag im Pub Karaoke gesungen. Das hat man auch im Rest des Vereinigten Königreichs mitbekommen und so verwandelt sich insbesondere die Innenstadt Freitag- und Samstagnacht in eine Partyzone, wo Einheimische und Touristen bis in die frühen Morgenstunden gemeinsam feiern.

Die Restaurants, Pubs und Bars nördlich der **Central Station** ⑧, zwischen **Buchanan Street** ⑥ und **Hope Street** [F4/5], und die **Merchant City** ④ sind dann sehr *busy*. Mehrere Clubs befinden sich an der **Union Street** [F5] und der **Jamaica Street** [F6], der westliche Teil der **Sauchiehall Street** [D/E4] ist die Ausgehmeile der Stadt mit Livemusik, Bars und Tanzkellern, wo v. a. junges Publikum feiert. Auch die langgezogene **Bath Street** [E/F4] bietet viele Bars.

Gechillter geht es im **West End** zu, wo es entlang der Byres Road [A3–B1], der Great Western Road [B1–D2] und der Argyle Street [B3–C4] eine Fülle an studentischen Kneipen, Cocktailbars und viele urige Pubs gibt, in denen beinahe jeden Abend schottisch-irische Livemusik gespielt wird. Hier findet man auch die legendäre Kulturkirche **Òran Mór** (s. S. 48), eine Art Dreh- und Angelpunkt des Nachtlebens, und die kleine Ausgehmeile **Ashton Lane** (s. S. 45).

Im **East End** gibt es mit dem **Barrowland Ballroom** (s. S. 41) die wohl legendärste Livebühne, nebenan wird im **St Luke's** (s. S. 83) in einer ehemaligen Kirche aufgespielt.

In der **Southside** finden sich in Strathbungo rund um die Pollok-

Life is live: UNESCO City of Music

Als erste Stadt Großbritanniens wurde Glasgow 2008 als **UNESCO City of Music** in das **UNESCO Creative Cities Network (UCCN)** aufgenommen. Die Bandbreite reicht von keltischem Musikerbe über Klassik und Jazz bis hin zu Rock, Pop, Hip-Hop und Techno. Die Künstler sind so unterschiedlich wie die Bühnen: Vor bis zu 14.300 Zuschauern treten große Stars im **OVO Hydro** (s. S. 49) auf. Internationale wie lokale Bands lieben den historischen **Barrowland Ballroom** (s. S. 41) oder das berühmte **King Tut's Wah Wah Hut** (s. S. 83). In Letzterem unterschrieben Oasis 1993 nach ihrem Gig quasi ihren Plattendeal an der Bar und auch sonst liest sich das Konzertarchiv wie das „Who is who" der größten Bandentdeckungen der letzten 30 Jahre – Blur, Coldplay, Muse, The Strokes, Florence & the Machine ... Jeden Abend kann man in kleinen Läden wie dem **Clutha** (s. S. 84), **Mono** (s. S. 83) und **Nice N Sleazy** (s. S. 84) jedoch auch viele andere (noch) unbekannte Solokünstler und lokale Bands erleben. In Pubs wie **Ben Nevis** (s. S. 80) oder der **Scotia Bar** (s. S. 80) treffen sich Musikstudierende und -begeisterte zu **Trad Sessions,** bei denen auf Fiddle, Akkordeon, Gitarre und Banjo traditionell schottisch-irische Folkmusik gespielt wird.

Die Szene gilt als sehr gut vernetzt und experimentierfreudig. Viele kleine Festivals werden in Eigenregie organisiert, Indielabels wie Chemikal Underground, Electronic Honey, Rock Action Records und Last Night from Glasgow tragen zum musikalischen Output bei. Die Liste bekannter und international erfolgreicher Bands aus Glasgow ist lang: Mogwai, Travis, Amy Macdonald, Biffy Clyro, Primal Scream, Texas, The Pastels, Franz Ferdinand, Belle and Sebastian, Chvrches ...

Nirgendwo sonst in Schottland gibt es so viele Musikstudierende wie hier. Auf eine fast 180-jährige Geschichte blickt die Hochschule für Musik und darstellende Künste, das **Royal Conservatoire of Scotland** (s. S. 85), zurück. Darüber hinaus haben das Royal Scottish National Orchestra, das BBC Scottish Symphony Orchestra, das Scottish Chamber Orchestra und die Scottish Opera in der Stadt ihren Sitz.

Egal ob große oder kleine Bühne: Einen Teil der Gleichung macht das Publikum aus. Gelangweilte Konzertbesucher, die Bier trinkend und stocksteif die Show über sich ergehen lassen, wird man in Glasgow nicht erleben. Die Lobeshymnen, die gastierende Musiker regelmäßig nach ihren Auftritten singen, sprechen für sich.

060cg-dr

shaws Road angenehme Pubs, Bars und Restaurants sowie das Kulturzentrum **The Glad Cafe** (s. S. 84).

Die gesellige und kommunikative Art der Glaswegians zeigt sich v. a. im Pub: Stundenlang sitzen Grüppchen beieinander und quatschen. Auf Fremde wird offen reagiert, man kommt schnell ins Gespräch. Die Ausgehszene ist bunt gemischt, für alle Nachtschwärmer findet sich das richtige Plätzchen. Nicht zuletzt an der großen alternativen Szene zeigen sich die Liebe der Glaswegians zur Individualität, aber auch der Einfluss der Kunst- und Musikhochschulen. Tanzmäuse werden sich wohlfühlen, hier zieht es Männlein wie Weiblein von Jung bis Alt auf den *dancefloor*. Ein absolutes Highlight ist Glasgows hochgelobte **Livemusikszene** (s. S. 79).

Im **Pub** bestellt und zahlt man an der Bar, es ist üblich, dass einer eine Runde für alle holt. Bei Getränkebestellungen wird kein Trinkgeld erwartet. Es ist verboten, außerhalb eines Lokals in der Öffentlichkeit **Alkohol** zu trinken. Generell geht es im Nachtleben eher entspannt und i. d. R. **ohne Dresscode** zu.

MEIN TIPP

Tickets

Eintrittskarten bucht man auf den Websites der Veranstaltungsorte, beim iCentre (s. S. 117) oder bei den folgenden Stellen:

- **Tickets Glasgow:** Tel. 0141 3538000, Mo.–Sa. 10–17 Uhr, www.ticketsglasgow.com
- •**67** [G4] **Tickets Glasgow – Royal Concert Hall Box Office,** 2 Sauchiehall St, Mo.–Sa. 10–18 Uhr
- •**68** [F6] **Tickets Scotland,** 237 Argyle St, Tel. 0141 2045151, https://tickets-scotland.com, Di.–Sa. 10–17.30 Uhr

Pubs und Whisky-Bars

69 [H6] **Blackfriar's,** 36 Bell St, www.blackfriarsglasgow.co.uk, tägl. 12–24 Uhr. Craftbeer und Ales ohne Hipsterattitüde. Gute Speisekarte und häufig Livemusik.

70 [G6] **Scotia Bar,** 112–114 Stockwell St, www.belhavenpubs.co.uk, tägl. 12–24 Uhr. Im verwinkelten Inneren des seit 1792 existierenden Pubs sorgen Holzbalken und Glaspaneele für historisches Flair. Regelmäßig Livekonzerte und Trad Sessions (s. S. 79).

71 [G6] **Sloan's,** 108 Argyle St, www.sloansglasgow.com, So.–Do. 12–24, Fr./Sa. 12–1 Uhr. „Are ye Dancin'?" („Willst du tanzen?") steht groß die Frage im Durchgang zum im Innenhof gelegenen Pub. Man sollte Ja sagen, denn die **Ceilidh-Abende** (s. S. 84) im schönen Ballsaal sind ein Riesenspaß (12,50 £, Reservierung empfohlen).

72 [C4] **The Ben Nevis,** 1147 Argyle St, Facebook, Mo.–Sa. 11.30–24, So. 12–24 Uhr. Ein Stück Highlands in der Stadt: Im kleinen Eckpub in Finnieston locken eine immense Whisky-Auswahl und fantastische Trad Sessions (Mi., Do. und So. ab 21 Uhr, s. S. 79).

73 [D4] **The Bon Accord,** 153 North St, www.bonaccordpub.com, Mo. 11–23, Di.–Sa. 11–24, So. 12.30–23 Uhr. Hier stehen an die 500 Sorten Whisky zur Auswahl – die meisten zum Glück günstiger als der 70 Jahre alte Glenlivet für 900 £ (35 ml). Bei der richtigen Wahl hilft Paul McDonagh, der mit seiner Familie seit mehr als 20 Jahren diesen Pub betreibt.

74 [B4] **The Islay Inn,** 1256 Argyle St, www.islayinn.com, tägl. 11–24 Uhr. Der Pub ist in der Highland-Community des

Schottischer wird's nicht: Ceilidh im Sloan's

West End verwurzelt und so ist fast jeden Abend was los: Livemusik (Fr./Sa.), Open Mic (So.) oder Jam Sessions (Mo., Do.) mit schottisch-irischer Musik. Große Whisky-Auswahl.

75 [B4] **The Park Bar,** 1202 Argyle St, tägl. 11.45–24 Uhr. Authentisch und unprätentiös: ein typischer *local's pub* mit Livemusik von Do. bis So. Hier wird öfter spontan ein Ceilidh (s. S. 84) aufs Parkett gelegt.

76 [F5] **The Pot Still,** 154 Hope St, https://thepotstill.co.uk, tägl. 11–24 Uhr. Auf einer Whisky-Landkarte kann man sich aus rund 700 Whiskys seinen *dram* aussuchen und dann dem Barteam dabei zusehen, wie es die Flaschen in waghalsigen Kletteraktionen aus den oberen Fächern des deckenhohen Regals angelt. Whisky Tastings.

Brew Pubs und Craftbeer

› **Drygate Brewing Co.** (s. S. 37). Die noch junge Brauerei hat sich mit innovativen Bieren schnell etabliert.

82 [B2] **Innis & Gunn Beer Kitchen,** 44–46 Ashton Lane, www.innisandgunn.com, tägl. 12–24 Uhr. Die beliebte Craftbeer-Marke zapft neben ihrem populären Lager auch Ausgefallenes wie Mango IPA und in Whisky- und Rumfässern gereifte Biere.

83 [F5] **Shilling Brewing Co.,** 92 West George St, www.shillingbrewingcom

MEIN TIPP

Raus hier! – Biergärten und Dachterrassen

› **BAaD,** s. S. 39

77 [B2] **Brel,** Ashton Lane, www.brelbar.com, So.–Do. 11–24, Fr./Sa. 12–1 Uhr. Gemütliche Bar, komfortables Restaurant, aber der Knaller ist der große Biergarten (tägl. 12–23 Uhr), in dem in der kälteren Jahreszeit Feuerschalen entzündet werden.

78 [A2] **Cottiers,** 93–95 Hyndland St, https://cottiers.com, tägl. 11–24 Uhr. So schön man in der ehemaligen Kirche von 1865 sitzt, im idyllischen Biergarten wähnt man sich beinahe wie auf dem Land.

79 [C2] **Inn Deep,** 445 Great Western Rd, www.inndeep.com, Mo.–Sa. 12–24, So. 12–23 Uhr. Mit Blick auf den River Kelvin schmeckt die große Auswahl an Bier gleich noch frischer.

80 [C5] **Red Sky Bar,** 25 Tunnel St, www.redskybar.com, tägl. 12–1 Uhr. Die Aussicht auf den Clyde von dieser Dachterrasse in Finnieston toppt alles.

› **WEST on the Green,** s. S. 82

81 [G5] **Windows Restaurant,** 44 West George St, tägl. 12.30–20.45 Uhr. Im siebten Stock des Carlton George Hotels eröffnet sich eine tolle Aussicht aufs City Centre und die Tron Church, mit zwei kleinen Außenterrassen.

062cg©Glasgow Life

Smokers' Guide
Das **Rauchen** in öffentlichen Einrichtungen, Lokalen, Theatern, Geschäften, Transportmitteln sowie an Bahnhöfen ist nicht erlaubt.

pany.co.uk, So.–Do. 12–23, Fr./Sa. 12–24 Uhr. Über der Bar schimmern die kupfernen Braukessel, direkt darunter werden die Hausmarken gezapft. Dazu stehen Gastbiere und kleine Speisen zur Wahl. Vier Shilling-Biere zum Probieren für 6 £. Der Pub in der früheren Schalterhalle einer Bank ist ideal für Gruppen.

› **WEST on the Green,** Templeton Building 26, www.westbeer.com, So.–Do. 11–23, Fr./Sa. 11–24 Uhr, Brauereiführungen Fr. 18, Sa. 12, 14 und 16, So. 14 Uhr, Onlinebuchung, 15 £. Bier nach deutschem Reinheitsgebot mitten in Glasgow: Petra Wetzel kam in den 1990er-Jahren als Studentin aus Bayern, 2006 gründete sie die Brauerei im historischen Templeton Building. Sehr gutes Lager und Weißbier, außerdem deutsch-schottische Küche.

Bars

› **Gin71,** www.gin71.com, tägl. 17–24 Uhr. Bei Tag wird hier in der Cup Tea Lounge (s. S. 77) Tee getrunken, spätestens am Abend übernehmen Barmixer: Die Räume der ehemaligen Bank of India mit prächtigen Mosaikböden, Wandfliesen und Kronleuchtern werden dann zu einem Eldorado für Ginfans. Exzellente Beratung, Tastings.

84 [B1] **Hillhead Bookclub,** 17 Vinicombe St, https://hillheadbookclub.co.uk, Mo.–Fr. 11–24, Sa./So. 11–24 Uhr. In einem ehemaligen Kino tummeln sich Gäste auf zwei Etagen unter einer geschnitzten Gewölbedecke. Studentischer Vibe, Tischtenniswettbewerb (Di.), Spoken Word Events und DJ Nights (Fr./Sa. ab 21 Uhr).

85 [C4] **Kelvingrove Café,** 1161–1163 Argyle St, www.kelvingrovecafe.com, tägl. 10–1 Uhr. Schnörkellose Cocktails in edlem viktorianischen Interieur: Der Mix aus Bistro, Café und Bar kann seine Wurzeln bis ins Jahr 1896 belegen.

86 [C4] **Lebowskis,** 1008 Argyle St, www.lebowskis.co.uk/glasgow-west, tägl. 12–24 Uhr. Wenn der „Dude" in Glasgow leben würde, dies wäre seine Bar: Mehr als 30 verschiedene Varianten des Kultgetränks White Russian bzw. White Ukrainian, wie der Laden sie neuerdings nennt, werden hier gemixt. Wer dafür eine Grundlage braucht, nimmt einen Burger dazu (So.–Do. bis 22, Fr./Sa. bis 21 Uhr).

87 [E4] **Slouch Bar,** 203–205 Bath St, www.slouch-bar.co.uk, tägl. 11–3 Uhr. Eine „Niete" (engl. *slouch*) zieht man hier nicht, v. a. am Wochenende brummt der Laden. Laute Musik, entspanntes Publikum, gut sortierte Bar und Küche (Burger, Pizza, Loaded Fries) bis 2 Uhr morgens.

88 [cj] **The Bungo,** 17–21 Nithsdale Rd, https://thebungo.co.uk, tägl. 10–23 Uhr. Nachbarschaftsbar in Strathbungo für hippe Großstädter um die 30. Gute Bier- und Cocktailauswahl.

89 [G5] **The Corinthian Club,** 191 Ingram St, www.thecorinthianclub.co.uk, tägl. 10–3 Uhr (einzelne Bars unterschiedlich). In einem der schönsten Gebäude der Stadt fühlt man sich wie Cinderella auf dem Ball. Ein Restaurant, eine Bar, ein Club (Fr./Sa. 22–3 Uhr), die *rooftop terrace* und Event-Räume verteilen sich auf fünf Etagen. In Teller's Brasserie & Bar sitzt man unter einer gläsernen Kuppel (Fr./Sa. DJs).

90 [C4] **The Dirty Duchess,** 1038 Argyle St, www.thedirtyduchess.co.uk, tägl.

Fast jeden Abend live: Musik im The Clutha (s. S. 84) am Clyde

12–24 Uhr. Bleiglas, geschnitztes Holz, Kerzen auf den Tischen – und jede Menge Rock-'n'-Roll-Attitude zu Cocktails und Bier.

91 [E4] **Tiki Bar,** 214 Bath St, tägl. 12–24 Uhr, www.tikibarglasgow.com. Die karibisch angehauchte Bar im Souterrain ist nicht erst seit der aktuellen Rum-Welle ein Hit (mehr als 100 stehen zur Wahl). Die Cocktails sind so gut gemixt wie das Publikum. Schöne Outdoor-Area.

Livemusik

› **Barrowland Ballroom** (s. S. 41). Legendärste Livebühne der Stadt.

92 [E4] **Blue Arrow,** 323 Sauchiehall St, www.bluearrowjazzclub.com, Konzerte oder Barbetrieb meist Do.–So. All that Jazz – von lokal bis international.

93 [E5] **King Tut's Wah Wah Hut,** 272A St Vincent St, www.kingtuts.co.uk, Bar and Kitchen So.–Fr. 18 Uhr bis spät, Sa. 12 Uhr bis spät. Kult! Der Konzertraum ist nicht groß, entsprechend tropft oft der Schweiß von Decke und Wänden. Abkühlung verspricht die angenehme Pubbar, in der man auch ohne Konzertticket trinken und essen kann.

94 [H6] **Maggie Mays,** 60 The Trongate, www.maggiemays.co.uk, So.–Mi. 12–1, Do.–Sa. 12–3 Uhr. Rock, Pop, Country, Blues – jeden Abend Livemusik unterschiedlichster Genres. Dazu werden Burger und *pub grub* serviert, im Keller legt Fr. und Sa. ein DJ auf. Sportübertragungen.

95 [G6] **Mono,** 12 Kings Court, www.monocafebar.com, tägl. 11 Uhr bis spät. Das Herz der alternativen Musikszene Glasgows ist Konzertbühne, Bar, veganes Bistro (bis 21 Uhr) und Plattenladen Monorail (s. S. 87) in einem. Der Eintritt zu Konzerten ist oft frei.

› **Nice N Sleazy** (s. S. 84). Der stylishe Club im Keller hat an den meisten Abenden der Woche Livemusik im Programm, kostenlos oder für kleines Geld. Hier spielten schon Mogwai und The Fratellis, ehe sie bekannt wurden.

› **Òran Mór** (s. S. 48). Kaum ein Abend, an dem in der Krypta dieser ehemaligen Kirche nicht Livemusik gemacht wird.

› **Stereo** (s. S. 74). Auch hier geht es im Keller regelmäßig live zur Sache. Neue wie etablierte Künstler, gelegentlich auch Comedy, am Wochenende *club nights.*

96 [J6] **St Luke's,** 17 Bain St, www.stlukesglasgow.com. In der früheren St

061cg©Glasgow Life

KURZ & KNAPP

Lass den Rock fliegen

In den Highlands erzählte man beim **Ceilidh** (Gälisch für „Besuch") früher Geschichten, las Gedichte und musizierte. Heute lassen die Schotten zu Live-Folkmusik mit Fiddle, Bodhran, Gitarre und Flöte den Kilt fliegen – z. B. im Sloan's (s. S. 80). Der Bandleader erklärt vor jedem Tanz die unkomplizierten Schrittfolgen, sodass auch Neulinge ihren Spaß haben. Man tanzt in Gruppen und wechselt die Partner, muss also nicht als Paar kommen. Die schnellen Nummern ersparen pro Tanz mindestens einen Besuch im Fitnessstudio.

Luke's Parish Church von 1837 wird heute unter Buntglasfenstern und Orgel der Livemusik gehuldigt. Der Pub „The Winged Ox" im Nebenraum sorgt für Essen und Getränke (Mo.–Fr. 12–24, Sa./So. 11–24 Uhr, Küche bis 21 Uhr). Biergarten und Sportübertragungen.

› **SWG3** (s. S. 52). Konzertprogramm auf vier Indoor- und Outdoor-Bühnen.

97 [G6] **The 13th Note,** 50–60 King St, https://13thnote.co.uk, Bar: tägl. 12–24 Uhr. Das Booking des Mitte der 1990er-Jahre gegründeten Clubs besorgte Alex Kapranos, ehe er mit seiner Band Franz Ferdinand groß rauskam. Noch immer spielen jeden Abend im Keller v. a. Alternative-, Hardcore-, Metal- und Punk-Formationen. Veganes Restaurant.

98 [G6] **The Clutha,** 167–169 Stockwell St, tägl. 12–24 Uhr. Auf der kleinen Bühne der uralten Kneipe stehen fast jeden Abend Bands und Solokünstler. Bekannte Gesichter, die hier schon aufgetreten sind, sind im Graffito an der Außenwand verewigt. Biergarten.

99 [ck] **The Glad Cafe,** 1006A Pollokshaws Rd, www.thegladcafe.co.uk, tägl. 10–23 Uhr. Preisgekrönte Livebühne für Konzerte (Indie, elektronische Musik, Folk), Comedy, Lesungen, Theater und Film. Tagsüber Café-Bistro mit vegan-vegetarischer Küche (17–21 Uhr).

› **The Hug and Pint** (s. S. 74). Oben veganes Restaurant, unten eine der beliebtesten Livebühnen für Folk-, Alternative- und Indie-Musik.

› **The OVO Hydro,** www.ovohydro.com, SEC 33. 14.300 Zuschauer fassende Arena, in der große Konzerte stattfinden.

Clubs

100 [F5] **Cathouse,** 15 Union St, https://cathouse.co.uk, Do.–So. 23–3 Uhr. Altgedient: Rock und Metal in allen Schattierungen, Punk, Goth und Hardcore auf drei Ebenen.

101 [G5] **La Cheetah Club,** 73 Queen St, http://lacheetahclub.co.uk, Do.–So. 23–3 Uhr, ab 5 £. Elektronisches von Techno über House bis Dubstep, regelmäßig bekannte Gast-DJs und Label Nights. Der lässige Club im Keller ist winzig, luftiger geht es in Max's Bar im Erdgeschoss zu.

102 [E4] **Nice N Sleazy,** 421 Sauchiehall St, www.nicensleazy.com, tägl. 14–3 Uhr. Ein Hauch Berlin weht durch die dunkel gehaltene Bar mit umso bunt-alternativerem Publikum. Im Untergeschoss wird zu 80s, Soul, Disco, Punk und Indie ausgeflippt (23–3 Uhr).

103 [F6] **Sub Club,** 22 Jamaica St, https://subclub.co.uk, Fr./Sa. 23–4 Uhr und Special Events. Der renommierteste Underground-Club für elektronische Musik in ganz Schottland besteht seit 1987, die samstägliche „Subculture"-Party gibt es seit 1994. Exzellentes Soundsystem. Im Sommer Rooftop-Partys (s. Website).

104 [D4] **The Berkeley Suite,** 237 North St, https://berkeleysuite.com, Do.–So. 23–3/5 Uhr. Das tanzbarste offene Geheimnis der Clubszene ist dieser kleine Laden an der Stadtautobahn M8, der sich hinter der Fassade eines *pawnshop* (Pfandleiher) versteckt. An seine Tage als *ballroom* erinnern Marmor und Lüster in der winzigen Bar mit intimen Sitzecken im Erdgeschoss. Wechselnde Musikauswahl.

105 [E4] **The Garage,** 490 Sauchiehall St, https://garageglasgow.co.uk, tägl. 23–3 Uhr. Seit 25 Jahren feiern hier jeden Abend v. a. Studierende zu Charts, Dance, House, Indie und Hip-Hop. Drei Tanzflächen und drei Bars sorgen am Wochenende für Schlangen. Auch als Konzertbühne eine Institution.

106 [cj] **The Rum Shack,** 657–659 Pollokshaws Rd, www.rumshackglasgow.com, Mo.–Do. 16–24, Fr.–So. 12–24 Uhr. Karibisch beeinflusste Küche (bis 21.30 Uhr) und rund 100 Sorten Rum, wechselnde Events in der Bar, am Wochenende legen in der **Dancehall** DJs Afrika-Beats, Soul, Roots, Reggae, Ragtime und Disco auf.

Konzerthäuser

107 [H5] **City Halls & Old Fruitmarket,** Candleriggs, und

108 [G4] **Glasgow Royal Concert Hall,** 2 Sauchiehall St, www.glasgowconcerthalls.com, Kartenbüro (s. S. 80). Um die 250 Konzerte werden in der Royal Concert Hall, dem Zuhause des Royal Scottish National Orchestra, gegeben – von Klassik, Jazz, Pop bis Country. Die Grand Hall in den über 150 Jahre alten City Halls ist für ihre hervorragende Akustik bekannt. Vielschichtiges Repertoire.

109 [F4] **Royal Conservatoire of Scotland,** 100 Renfrew St, Karten-Tel. 0141 3325057, www.rcs.ac.uk, Mo.–Fr. 9–17 Uhr, Sa./So. variabel, je 90 Min. vor Aufführungsbeginn, ab 5 £. Rund 500 Vorstellungen bringt die weltbekannte Hochschule für Musik und darstellende Künste pro Jahr auf die Bühne.

Theater, Comedy, Tanz

110 [F4] **Glee Club,** 11 Renfrew St, Tel. Kartenbüro 0871 4720400, www.glee.co.uk/glasgow/comedy. Der neueste Stern am Glasgower Comedy-Himmel.

111 [E4] **King's Theatre,** 297 Bath St, Karten-Tel. 0844 8717648, www.atgtickets.com/venues/kings-theatre. Das 1904 eröffnete Theater ist eines der geschichtsträchtigsten der Stadt. Heute werden hier v. a. Musicals aufgeführt.

112 [F4] **Theatre Royal,** 282 Hope St, Tel. 0844 8717677, www.glasgowtheatreroyal.org.uk. Im ältesten Theater der Stadt (1867) werden Musicals und Varieté- Aufführungen, Vorführungen des Scottish Ballet und der seit 1975 hier beheimateten Scottish Opera inszeniert.

› **Tramway** (s. S. 54). Zeitgenössisches Theater und Tanz.

113 [H6] **Tron Theatre,** 63 Trongate, Kartenbüro Tel. 0141 5524267, www.tron.co.uk. Modernes Theater in alten Mauern: Anfang der 1980er-Jahre zog das Theaterensemble in die Kirche aus dem 18. Jh.

Kino

114 [G4] **Cineworld,** 7 Renfrew St, Tel. 0330 3334444, www.cineworld.co.uk. Im modernen „Kino-Hochhaus" laufen aktuelle Filme in 18 Sälen.

115 [F4] **Glasgow Film Theatre,** 12 Rose St, Tel. 0141 3326535, www.glasgowfilm.org. 1939 als Cosmo Cinema eröffnet, seit 1974 als „GFT" die feste Größe für kuratiertes Programmkino. Schöner Art-déco-Bau mit Bar und „Great Gatsby"-Feeling.

116 [B2] **The Grosvenor,** 24 Ashton Lane, Tel. 0141 3398444, https://grosvenorpicturetheatre.co.uk. Das älteste erhaltene Kino der Stadt von 1921 wurde frisch überholt und bietet zwei Säle, eine Bar, ein Café-Restaurant und viel Atmosphäre.

Glasgow zum Stöbern und Shoppen

In Sachen Shopping zieht Glasgow alle Register. Egal, ob mit glühender Kreditkarte oder kleinem Budget: Was die Bandbreite an Läden angeht, gilt Glasgow nach London als zweite große Einkaufsdestination im UK. Das heißeste Pflaster in der **Innenstadt** ist die Fußgängerzone **Buchanan Street** 6, die mit Buchanan Galleries (s. S. 91), St Enoch Centre (s. S. 91), Argyll Arcade (s. S. 91) und Princes Square (s. S. 91) nicht weniger als vier Shoppingmalls und dem House of Fraser (s. S. 91) zudem ein Kaufhaus zu bieten hat. Natürlich reihen sich an der Flaniermeile große Marken wie Apple, Zara, Urban Outfitters oder Victoria's Secret aneinander, aber auch viele kleine, mitunter hochpreisige Boutiquen wie Ted Baker oder Michael Kors sowie manch ausgefallene Lädchen sind zu finden. Das Angebot setzt sich in den umliegenden Straßen variantenreich fort.

Vom oberen Ende der Buchanan Street führt mit der **Sauchiehall Street** [F4] eine weitere Fußgängerzone gen Westen. An ihrem unteren Ende geht es auf der **Argyle Street** [F/G6], entlang der sich eine bunte, weniger ausgefallene Mischung aus Buchläden, Musikhäusern und großen Ketten findet, nach Osten. Exklusiv wird es in der Merchant City 4: Hier haben sich rund um den **Royal Exchange Square** [G5] kleine und einheimische Marken niedergelassen. Die **Ingram Street** [G/H5] zieht mit ihren Designermarken gut betuchte Modejünger zu Cruise, Ralph Lauren, Gucci, Hugo Boss und Armani. Argyle Street, Buchanan Street, Sauchiehall Street und Ingram Street haben sich den inselweit bekannten Beinamen **Style Mile** verdient.

Vintage-Fans werden in Glasgow ebenfalls reich bedient: Am Wochenende lockt der stadtbekannte Flohmarkt Barras 23 ins **East End.** Gleich mehrere Läden mit Secondhand-Schätzen knubbeln sich im **West End** an der Ruthven Lane [A/B2] und entlang der **Great Western Road** [B1–D2]. Über Letztere, kurz „GWR" genannt, und die **Byres Road** [A3–B1] lohnt in jedem Fall ein Bummel: Hier gibt es Käse, Fisch, Wein und Spirituosen sowie Mode- und Geschenkboutiquen. Kurioses wie Ausgefallenes findet man in diesem Stadtteil auch in Hinterhöfen und Seitenstraßen wie der **Hidden Lane** (s. S. 45) und der Cresswell Lane [B2].

Souvenirs und **Mitbringsel** haben u. a. die Museumsshops, Kunst und Arbeiten von schottischen Designern bietet die **Scottish Design Exchange** (s. S. 87). In Sachen Mode ist man mit hochwertigen schottischen Wollprodukten und Tweed von der Isle of Harris, wie sie z. B. das **House of Cashmere** (s. S. 88) verkauft, gut beraten. Zu guter Letzt sind natürlich die Verkaufsschlager Whisky und Gin zu empfehlen.

Bücher und Musik

› **Aye-Aye Books,** im CCA 12, Mi.–Sa. 11–18 Uhr. Bücher unabhängiger Verlage, Magazine über schottische und zeitgenössische Kunst, Kultur, Musik, Politik und Film.

117 [C2] **Caledonia Books,** 483 Great Western Rd, www.caledoniabooks.co.uk, Mo.–Sa. 10.30–18 Uhr. Ein Secondhand-Buchladen wie aus dem Bilderbuch: Hier stapeln sich dicke Schinken bis unter die Decke. Von Robert Burns' gesammelten Werken und Samm-

lerstücken bis hin zu Fachbüchern zu Film und Kunst, gute Auswahl an Glasgow-Literatur.

- 118 [cj] **Category Is Books,** 34 Allison St, www.categoryisbooks.com, Mi.–So. 11–18, Do. bis 20 Uhr. Nicht nur in Glasgow einzigartig, sondern in ganz Schottland: Seit 2018 verkaufen Charlotte und Fionn Duffy-Scott hier queere Literatur. Die Sachbücher, Romane, Graphic Novels und Comics im Angebot wurden alle von queeren Personen geschrieben, haben eine solche als Hauptfigur oder einen Bezug zu entsprechenden Themen. Lesungen, Filmabende, Vorträge und sogar ein Pop-up-Friseursalon.
- › **Monorail Music,** www.monorailmusic.com, Mo.–Sa. 11–19, So. 12–19 Uhr. Im selben Haus wie das vegane Restaurant Mono, das auch als Top-Livebühne (s. S. 83) gilt. Stephen McRobbie, Kopf der bekannten Indieband „The Pastels", weiß, was er tut: Riesiges Plattenangebot und viel, viel Engagement.
- 119 [F4] **Waterstones,** 153–157 Sauchiehall St, www.waterstones.com/bookshops/glasgow-sauchiehall, Mo.–Sa. 9–19, So. 10–18 Uhr. Fünf Etagen voller Bücher mit allem, was das bibliophile Herz begehrt.

Geschenke, Design, Kunst

- 120 [ag] **Found,** 583 Dumbarton Rd., www.foundglasgow.com, Di.–Sa. 11–17 Uhr. Bunt, voll, schrill. Die Möbel, Wohnaccessoires, Dekoartikel und Geschenke sind zum Teil neu, zum Teil Vintage.
- 121 [F4] **Maia,** 21 Bath St, https://maiagifts.co.uk, Mo.–Sa. 10–18, So. 11–16.30 Uhr. Hier findet sich *immer* ein Mitbringsel.
- › **Scottish Design Exchange,** Buchanan Galleries (s. S. 91), www.scottishdesignexchange.com, Mo.–Fr. 9.30–18, Sa./So. 10–18 Uhr. Alles, was hier verkauft wird, stammt von schottischen Künstlern. Die zahlen nur die Miete für ihre Ausstellungsfläche und bekommen 100 % der Einnahmen.
- 122 [A2] **Subversion Gallery,** 4 & 6 Ruthven Mews Arcade, 57 Ruthven Lane, https://subversiongallery.co.uk, Fr./Sa. 11–16.45, So. 12–16.45 Uhr, Mi./Do. nach Vereinbarung. Street-Art und Pop-Art zum Aufhängen. Farbenfroh, teilweise kontrovers und garantiert kitschfrei.
- 123 [F5] **The Root of Magic,** 110 Hope St, https://therootofmagic.com, Mo./Di. 10–18, Fr./Sa. 10–23, So. 12–17 Uhr. Jede Menge offizielles Harry-Potter-Merchandise, große Auswahl an Zauberstäben, Kleidung und magischem Zubehör.
- › **Welcome Home,** im CCA 12, Di.–Sa. 11–18 Uhr. Kunst, Handwerk, Drucke und Schmuck von kreativen Köpfen aus Schottland und v. a. aus Glasgow.

063cg-dr

Findet deutliche Worte für queere Lebenswelten: Category Is Books

Shoppingareale
Die wichtigsten Shoppingbereiche der Stadt sind im Kartenmaterial mit einer rötlichen Fläche markiert.

Mode, Schuhe

124 [B1] **Amaryllis,** 687 Great Western Rd, www.amarylliswestend.com, Mo.–Sa. 10–17.30, So. 12–16.30 Uhr. Inhaberin Lynn Gilfillan legt den Schwerpunkt auf skandinavische und schottische Mode, die qualitativ hochwertigen und ausgefallenen Stücke kommen von Marken wie Stella Nova, Baum und Pferdgarten und Eribé.

125 [F4] **Dr. Martens Store,** 50 Sauchiehall St, www.drmartens.com, Mo.–Sa. 10–18, So.10–17 Uhr. Die Kultschuhe gibt es hier in allen Formen, Höhen und Farben – auch vegan und oft günstiger als in Deutschland!

126 [G4] **Fatface,** 185–221 Buchanan St, www.fatface.com, Mo.–Sa. 9.30–17.30, So. 10–17 Uhr. Bunte, aber nie schrille Kleidung für Männer, Frauen und Kinder in guter Qualität.

127 [B1] **Finnieston Clothing Concept Store,** 305 Byres Rd, https://finnieston clothing.com, Mo.–Fr. 10–17.30, Sa. 10–18, So. 11–17.30 Uhr. Das Glasgower Label legte kürzlich eine Kollektion auf, die sich an der früheren Arbeitskleidung von Hafenmitarbeitern orientiert. Man griff dafür auf alte Fotos und die Unterstützung des Historikers Ian Johnston zurück. Verarbeitet werden schottische Lammwolle und Biobaumwolle.

064cg-dr

128 [G5] **Forty Clothing,** 11 Royal Exchange Sq, www.fortyclothing.com, Mo.–Fr. 10–18, Sa. 9–18, So. 12–18 Uhr. Angesagtes Streetwear-Label aus Glasgow.

129 [F5] **House of Cashmere,** 34 Gordon St, www.houseofcashmere.co.uk, tägl. 9–20 Uhr. Mützen, Pullis, Handschuhe, Schals, Socken, Decken, Plaids – aus Wolle und Kaschmir von namhaften schottischen (und in Schottland produzierenden!) Herstellern.

130 [G5] **Victoria's Secret,** 178–182 Buchanan St, www.victoriassecret.com, Mo.–Sa. 9–19, So. 10–18 Uhr. Der Laden des US-amerikanischen Lingerie-Imperiums ist auch eine gute Adresse für Sportwäsche, für die sich frau garantiert keine Engelsflügel umschnallen muss.

MEIN TIPP

Schuhe im OP

Lieblingssneaker kaputt? Rettung naht in Form der stylishen SneakersER: Die „Notfallambulanz für Sneaker" wurde 2015 von Al und Rob aus Glasgow gegründet, hier holt man seitdem vom Alltagstreter bis zum Sammlerstück alles ins Leben zurück. Nicht nur die eigenen Schuhe kann man säubern und fachgerecht reparieren bzw. restaurieren lassen, sondern auch Sneaker kaufen – es muss ja nicht gleich das aufgefrischte Sammlerstück für 5000 £ sein. Außerdem gibt es Sneaker-Magazine, Fachliteratur, Klamotten und natürlich Putz-Handwerkszeug der Profis.

131 [H6] **SneakersER,** 77 Trongate, www.sneakerser.com, Mo.–Fr. 9–18, Sa. 9.30–18, So. 10–18 Uhr, mit lässigem Café

Vintage

132 [G6] **Mr Ben Retro Clothing**, 101 King St, www.mrbenretroclothing.com, Mi.–Fr. 12–17, Sa. 10.30–17, So. 12.30–17 Uhr. Hier decken sich TV- und Filmproduktionen ein. Bunt und ausgefallen trifft auf die meisten Stücke zu, dazwischen hängt Designerware. Für Stöberfans.

133 [J7] **Randall's Antiques**, 233 London Rd, www.glasgowantiques.co.uk, Sa./So. 9–17 Uhr. Antike Schätzchen: Möbel, Kleidung, Deko, Design, Bücher und Kurioses. Fast noch besser als das Angebot sind die freundlichen Händler, die so manch interessante Story über Glasgow auf Lager haben.

134 [A2] **Starry Starry Night**, 19/21 Dowanside Lane, www.starrystarry nightvintage.co.uk, Mo.–Sa. 10–17.30, So. 11–17 Uhr. Der bis unter die Decke vollgestopfte Laden ist an sich schon sehenswert. Eine Fundgrube wie aus der Zeitkapsel: Kleider, Schmuck, Hüte und mehr aus viktorianischer Zeit, den Goldenen Zwanzigern und bis in die 1980er-Jahre.

135 [C2] **The Glasgow Vintage Co.**, 453 Great Western Rd, Mo.–Sa. 12–18, So. 12–17 Uhr. Zwei Etagen mit Looks aus den 1950er- bis 1980er-Jahren. Very charming. Tipp: gebrauchte Kilts ab 12 £.

136 [B1] **West Vintage**, 649 Great Western Rd, Mo.–Sa. 11–18, So. 11–17 Uhr. Knallgelb wie ein Friesennerz leuchtet die Ladenfassade an der geschäftigen Lebensader des West End. Neben besagtem Kleidungsstück für kleines Geld gibt es u. a. eine Riesenauswahl an Trainingsjacken.

065cg-dr

Märkte

137 [A3] **Glasgow Farmers' Market**, Mansfield Sq, Partick, www.cityproperty markets.co.uk, 2. und 4. Sa. im Monat 10–14 Uhr (am 1. und 3. Sa. im Monat in Shawlands, s. Website). An rund 40 Ständen verkaufen Produzenten aus der Region Rind-, Lamm- und Wildfleisch, Geflügel, (geräucherten) Fisch, Käse, Hühner-, Enten- und Wachteleier, Pasteten, Obst und Gemüse. Hinzu kommen Backwaren, Kaffee der Faodail Roastery und Snacks wie Angus-Beef-Burger oder *Mutton Pies.*

23 [J6] **The Barras.** *Die* Flohmarktinstitution in Glasgow (s. S. 39).

138 [H6] **Weekend Craft & Design Fair,** Merchant Square, 71 Albion St, www.merchantsquareglasgow.com/event/weekend-craft-design-fair, Sa. 11–18, So. 12–18 Uhr. Im alten Obstmarkt der Merchant City **4** bieten Kunsthandwerker, Künstler und Designer handgefertigten Schmuck, Lampenschirme aus Harris-Tweed, Bioseife und Drucke feil.

Während im SneakersER die „trainers" wiederbelebt werden, macht man es sich mit einem Kaffee gemütlich

Ein absolutes Muss für Vintage-Fans: Starry Starry Night im West End

Kulinarisches, Bier und Spirituosen

139 [H6] **Bare Bones Chocolate,** 7/9 Osborne St, https://bareboneschocolate.co.uk, Mo.–Fr. 9–17 Uhr. Schon wenn man in die Osborne Street einbiegt, steigt einem der Schokoladengeruch in die Nase. Das junge Start-up röstet und verarbeitet hier direkt gehandelte Kakaobohnen zu himmlischer Schoki. Man darf kosten, außerdem gibt es Hot Chocolate. Führungen und Tastings s. Website.

140 [A2] **George Mewes Cheese,** 106 Byres Rd, www.georgemewescheese.co.uk, Mo.–Sa. 9–17, So. 10–17 Uhr. Der Laden an der Byres Road ist klein, das Angebot groß – Käse aus Italien, Frankreich, England, Irland und Schottland. Leckere Sandwiches auf die Hand.

141 [B2] **Glasgow's Fish Plaice,** 188 Byres Rd, https://fishplaice.com, Di.–Fr. 8.30–17.30, Sa. 8.30–17 Uhr. Muscheln, Oktopus, Austern und Fisch, Fisch, Fisch. 75 % der Ware stammt aus schottischen Gewässern. Frisch, saisonal, geprüfte Herkunft und hervorragende Beratung.

066cg-dr

142 [C2] **Roots, Fruits and Flowers** ꕥ, 451–457 Great Western Rd, www.rootsfruitsandflowers.com, Kernzeit Mo.–Sa. 7.30–18.30, So. 9–18.30 Uhr. Drei auf einen Streich – und das auch noch mit gutem Ökogewissen: Seit 1980 versorgt Garth Gulland in drei Läden das West End mit Obst und Gemüse, Biolebensmitteln, Brot und Blumen. Der Shop in der Mitte bietet auch ein sehr gutes Speisenangebot.

143 [eh] **Tapa Coffee & Bakehouse** ꕥ, 21 Whitehill St, www.tapacoffee.com, Mo.–Sa. 8–17, So. 9–17 Uhr. Hier wird preiswürdig in Bioqualität gebacken. Eine Frischetheke, Regale mit Bioprodukten und der Tapa Coffee aus eigener Rösterei ergänzen das Angebot, außerdem werden vegetarische Suppen und Sandwiches verkauft.

144 [F4] **The Good Spirits Co.,** 23 Bath St, www.thegoodspiritsco.com, Mo.–Mi., Sa. 10–18, Do./Fr. 10–19, So. 12–17 Uhr. Whisky, Wodka, Gin, Rum und viele weitere Spirituosen warten in diesem Souterrainladen. Regelmäßig Verkostungen (Termine s. Website). Um die Ecke ist die Filiale The Good Spirits Co Wine and Beer (105 West Nile St).

145 [C2] **Valhalla's Goat,** 449 Great Western Rd, www.valhallasgoat.com, Mo.–Sa. 11–20, So. 12–20 Uhr. „Flüssige Schätze" fasst der Laden sein Angebot zusammen und setzt dabei auf Produkte, die man nicht im Supermarkt findet. Die Auswahl v. a. an Craftbeer (mit Schwerpunkt auf Schottland) ist gewaltig, beim Rebensaft geben Naturweine den Ton an. Auch die Gin- und Rumauswahl kann sich sehen lassen.

Die „flüssigen Schätze" stapeln sich im Valhalla's Goat bis an die Decke

So hübsch, dass man gleich mehrmals Rolltreppe fährt: Princes Square

Kaufhäuser und Shoppingpassagen

146 [G5] **Argyll Arcade,** 55 Argyll Arcade, www.argyll-arcade.com, Mo.-Sa. 10-17, So. 12-17 Uhr. Mehr als ein Dutzend Schmuck- und Uhrengeschäfte buhlen in der eleganten Passage aus dem 19. Jh. um Kundschaft.

147 [G4] **Buchanan Galleries,** 220 Buchanan St, https://buchanangalleries.co.uk, Mo.-Mi., Fr./Sa. 9-18, Do. 9-19, So. 10-18 Uhr. Shoppen auf vier Ebenen mit mehr als 80 Läden. Die meisten Geschäfte bieten Mode und Beauty-Produkte, lohnenswert ist The Whisky Shop.

148 [B2] **DeCourcy's Arcade,** 5-21 Cresswell Lane, www.facebook.com/decourcysarcade, Mo.-Sa. 10-17.30, So. 12-17 Uhr, manche Läden abweichend. Nur zwei Handvoll Shops knubbeln sich auf zwei Etagen, dennoch wäre es möglich, das Haus u. a. mit Geschenken, Mode und Künstlerbedarf im Einkaufsbeutel, frisch gemachten Nägeln und gezupften Augenbrauen zu verlassen – nachdem man sich in der angesagten artpistol Gallery (s. S. 66) aktuelle Urban Art angesehen hat.

149 [F5] **House of Fraser,** 45 Buchanan St, www.houseoffraser.co.uk, Mo.-Mi., Sa. 10-18, Do./Fr. bis 19, So. 11-18 Uhr. Hochwertige Marken. Auch wenn man keins brauchen sollte: Die Abendkleid-Auswahl ist spektakulär. Das komplette Erdgeschoss nimmt die Make-up-Abteilung ein.

150 [F5] **Princes Square,** 48 Buchanan St, www.princessquare.co.uk, tägl. 10-18 Uhr, Restaurants und Bars bis 24 Uhr. In stilvollem Ambiente präsentieren sich exklusive Brands.

151 [G6] **St Enoch Centre,** 55 St Enoch Sq, www.st-enoch.com, Mo.-Fr. 9-19, Sa. 9-18, So. 10-18 Uhr. Große britische und internationale Marken unter einem Dach.

067cg-dr

Mein Tipp

Shop 'n' Stop

- Zu viele Bücher bei **Waterstones** (s. S. 87) entdeckt und der Koffer ist zu klein? Am besten lässt man sich erst mal im Café des Buchladens nieder und lässt den Zucker im Kuchen seine geistesanregende Wirkung tun, bevor die Entscheidung fällt.
- Shoppen macht hungrig. Zum Glück bietet das Einkaufszentrum **Princes Square** (s. links) an der Buchanan Street im Erdgeschoss einen familienfreundlichen Food Court und im obersten Stock im „Cranachan" moderne schottische Küche.
- Das neue Abendkleid war eigentlich viel zu teuer? Gießen Sie noch einen obendrauf mit einem der über 70 schottischen Gins in der Bar Gin 71 im **House of Fraser** (s. links).
- Sollte einem in der Merchant City angesichts der Preise mancher Designershops ein Schwächeanfall ereilen, so wird man im **Gin Spa** (s. S. 93) im Nu wiederhergestellt und im Anschluss an die Behandlung mit einem großen Glas Gin wiederbelebt.

Glasgow zum Durchatmen

Bei über 90 Parks ist in Glasgow, dem „dear green place“, das nächste Päuschen im Grünen nie weit weg. Entspannen kann man auch bei Spaziergängen oder einer Radtour an den frisch herausgeputzten Ufern des Clyde, entlang des River Kelvin und am Glasgow Canal. Wer mal raus will aus der Stadt, fährt an den Loch Lomond 43 oder auf die Isle of Bute 45.

MEIN TIPP

Am Blauen durchs Grüne

Wunderschön lauschig läuft und radelt es sich auf dem **Kelvin Walkway,** der vom Riverside Museum 36 nach Norden bis Milngavie führt (National Cycle Route 756). Besonders schön ist der Abschnitt durch den **Kelvingrove Park,** vorbei am Biergarten Inn Deep (s. S. 81), bis zu den **Botanic Gardens** 31 – hier scheint die Stadt meilenweit entfernt. Wer mag, kann die Runde über den **Kelvin Aqueduct,** am **Glasgow Canal** entlang und bei fantastischer Sicht auf die Stadt bis zur **Speirs Wharf** [dg] ausdehnen. Der Glasgow Canal diente als Zubringer zum Firth & Clyde Canal, der seit 1790 über eine Länge von 56 km den Firth of Forth an der Ostküste mit dem Firth of Clyde an der Westküste verbindet.

› Infos: www.scottishcanals.co.uk, https://glasgowcanal.com

Keine Frage, Glasgows Innenstadt brummt. Mitten im Shopping-Getümmel der Buchanan Street ist die **St George's Tron Church** (s. S. 22) eine Insel der Ruhe, ebenso die winzige **Dachterrassenbar** im zweiten Stock des **Corinthian Club** (s. S. 82). Die Glaswegians machen auch gern auf dem Rasen oder den Bänken am **George Square** 1 oder an der Clyde-Promenade eine Pause.

Nordöstlich des Zentrums lockt die verträumte Atmosphäre der **Necropolis** 19 mit tollem **Blick** auf die Stadt. Auch das **Glasgow Green** 24 bietet innenstadtnah Platz zum Spazieren und Radeln. Das Pausenbier dazu schenkt WEST (s. S. 82) im Biergarten vor der Kulisse des Templeton Building 26 aus.

Viel Grün, exotische Pflanzen und Bäume warten in den **Botanic Gardens** 31 im **West End.** Dort eröffnete 1867 mit dem **Kelvingrove Park** [B/C3] die erste planmäßig geschaffene Grünanlage Schottlands, durch die sich der **River Kelvin** schlängelt. Man schlendert über weitläufige Wege, durch Blumen- und Kräutergärten, vorbei an Spielplätzen, Skate-

Aus der Mitte entspringt ein Fluss: am River Kelvin

068cg-dr

park, Tennisplatz und Bowling Green. Der **Bandstand**, ein Musikpavillon von 1924, ist einer der letzten seiner Art und eine der beliebtesten Open-Air-Bühnen der Stadt. Eine Topaussicht über den Park und die Stadt hat man vom Roberts Memorial auf dem **Woodlands Hill** im Osten des Parks.

Nach viktorianischem Zeitgeschmack gestaltete der Landschaftsarchitekt Joseph Paxton den **Alexandria Park** im East End und den **Queen's Park** [ck] in der **Southside**. In Letzterem gibt es Spazierwege, Teiche und ein gläsernes Gewächshaus. Vom Aussichtspunkt **Flagpole** geht der Blick an klaren Tagen kilometerweit über die Stadt und bis zum Ben Lomond in den Highlands. Die Southside hat mit dem **Pollok Country Park** [a/bk], mit 145 ha Flächenspitzenreiter, ein weiteres Ass im Ärmel. Eine Herde wuschliger Highland-Rinder stapft über saftig-grüne Weiden, beeindruckende Clydesdale-Kaltblüter grasen friedlich, Trails locken Mountainbiker, Waldwege Jogger wie Wanderer und zur Rhododendronblüte „explodiert" ein Farbenmeer am Wegesrand. Im Park finden sich das herrschaftliche Pollok House 40 aus dem 18. Jh. und die weltberühmte Burrell Collection 41.

Ein paar Nummern kleiner kann man im **Bellahouston Park** [aj], wo es auch öffentliche Kunst zu sehen gibt, gut entspannen. Schließlich lädt die grüne Oase der **Hidden Gardens** (s. S. 54) auf einen Tee in den Hinterhof eines alten Tramdepots ein.

002cg-dr

Die Frisur sitzt: Highland-Rind im Pollok Country Park

MEIN TIPP

Einmalig in Glasgow: The Gin Spa

Ein Gin zur Entspannung? Geht immer! Dass die *botanicals*, die für das hochprozentige Getränk verwendet werden, aber noch mehr können, beweist das weltweit erste **Gin Spa.** Seit Jahrtausenden finden die Kräuter und Pflanzen in der Heilkunst Anwendung. Bei den Behandlungen und Massagen kommen eigens entwickelte Aromatherapieprodukte zum Einsatz, die auf den verschiedenen Wirkungen der *botanicals* basieren. Herrlich entspannt sucht man sich im Anschluss einen dazu passenden Gin & Tonic aus – und jeglicher Stress ist wie weggeblasen.

●152 [G5] **The Gin Spa,** 2 Virginia Court, Tel. 0141 4710419, www.ginspa.co.uk, ab 75 £/60 Min.

Zur richtigen Zeit am richtigen Ort

In Glasgow vergeht kaum ein Monat, in dem nicht ein Musik-, Literatur-, Film- oder Kunstfest gefeiert wird. Ob stadtweit oder in den Vierteln, die Bandbreite ist ebenso groß wie das Renommee der einheimischen und internationalen Künstler, die im Festivalreigen mitmischen. Unter www.whatsonglasgow.co.uk sind alle Termine zu finden.

Januar bis März

- **Celtic Connections:** Während man anderswo noch Weihnachten verdaut, feiert Glasgow schon wieder, und zwar die keltische Musiktradition und deren Verbindungen in alle Welt. Knapp 300 Veranstaltungen auf 20 Bühnen ziehen mehr als 100.000 Besucher an (Mitte Jan.–Anf. Febr., www.celticconnections.com).
- **Glasgow Film Festival:** Eines der wichtigsten Filmfestivals in Großbritannien zeigt Streifen aller Genres vom Klassiker über Arthousefilme bis zum Blockbuster (Anf. März, https://glasgowfilm.org/glasgow-film-festival).
- **Glasgow Short Film Festival:** Ein Wochenende lang laufen unkonventionelle Kurzfilme (Mitte/Ende März, https://glasgowfilm.org/glasgow-short-film-festival).
- **Glasgow International Comedy Festival:** Comedians, Stand-up-Performer und TV-Komiker aus aller Welt kitzeln beim europaweit größten Festival seiner Art die Lachmuskeln (2. Märzhälfte, www.glasgowcomedyfestival.com).

April bis Juni

- **Aye Write!:** Internationale Autoren lesen sämtliche Genres, besonderes Augenmerk liegt auf lokalen Talenten. An Kinder und Jugendliche richtet sich die Festivalsparte „Wee Write!“ (Mai, www.ayewrite.com).
- **Yardworks Festival:** Fast 1000 m Wand verwandeln sich im SWG3 (s. S. 52) in bunte Graffiti und Street-Art. Das Besondere: Das Publikum kann live dabei zugucken. Das Festival bringt internationale Künstler zusammen – natürlich auch lokale Größen wie Rogue-One und Smug (Mitte Juni, https://swg3.tv/arts/urban-art/festival).

071cg-dr

072cg-dr

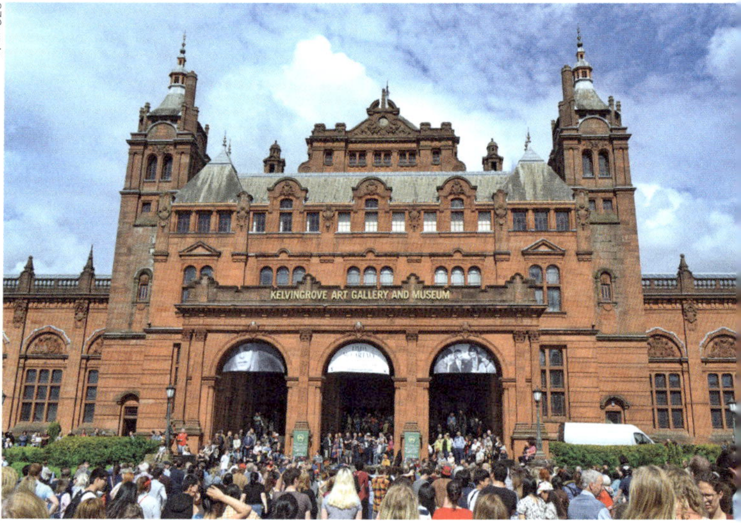

- **Riverside Festival:** Vor der großartigen Kulisse des Riverside Museum am Clyde tanzt Glasgow zwei Tage lang zu elektronischen Klängen (Anf. Juni, www.riversidefestivalglasgow.com).
- **West End Festival:** Das größte Stadtteilfest in Glasgow mit ca. 400 Veranstaltungen: Konzerte, Theater, Tanz, Familien-Events, Lesungen, Ceilidhs (s. S. 84) unter freiem Himmel, Straßenfeste und Führungen durchs Viertel (Juni, www.westendfestival.co.uk).
- **Glasgow International:** Das größte Festival Schottlands für zeitgenössische bildende Kunst findet alle zwei Jahre statt (das nächste Mal 2024). Rund 250 Kunstschaffende aus Glasgow, Schottland und darüber hinaus stellen u. a. Auftragswerke aus (Juni, https://glasgowinternational.org).
- **Glasgow International Jazz Festival:** Jimmy Cobb, Metheny/Mehldau Quartet, Buddy Guy, Pharoah Sanders – für Fans von Jazz, Blues, Soul und Funk sind schon die Namen Musik in den Ohren (Ende Juni, www.jazzfest.co.uk).

Juli bis September

- **TRNSMT:** Im Glasgow Green präsentieren sich auf mehreren Bühnen drei Tage lang internationale Künstler und DJs aus Mainstream und Indie (Anf. Juli, https://trnsmtfest.com).
- **Merchant City Festival:** Streetfood, Parcour- und Tanz-Shows, Straßentheater und -musik sowie andere Performances unterhalten das Publikum unter freiem Himmel in der Merchant City 4 (Ende Juli, www.merchantcityfestival.com).
- **The Scottish Short Film Festival:** Die hier gezeigten Kurzfilme müssen einen Bezug zu Schottland haben und in den letzten zwei Jahren vor Festivalstart entstanden sein (Ende Juli, www.scottishshortfilmfestival.com).

Die Stadt tanzt beim großen Ceilidh des West End Festival

Bunte Wände beim Street-Art-Event Yardworks im SWG3

- **Summer Nights at the Bandstand:** Es gibt kaum eine schönere Open-Air-Bühne in Glasgow als den Pavillon mitten im Kelvingrove Park [C3]. Knapp 2000 Besucher finden Platz, wer kein Ticket mehr erwischt, sucht sich einfach ein Plätzchen im Park (letzte Juli- bis erste Augustwoche).
- **Piping Live! Glasgow International Piping Festival:** Eine Woche lang regiert im August der Dudelsack die Stadt. Solokünstler und Bands aus aller Welt spielen Traditionelles und Modernes, oft auch unter freiem Himmel. Ein Highlight ist die Big Band Parade (1. Augusthälfte, https://pipinglive.co.uk). Mitte August finden zudem die **World Pipe Band Championships** statt (www.theworlds.co.uk).
- **Pride Glasgow:** Das LGBT-Festival umfasst mehrere Events und eine große Parade (Mitte Aug., https://prideglasgow.com).
- **Summer Session:** An zwei Wochenenden spielen ganz große Stars im Bellahouston Park (2. Augusthälfte, www.smmrsessions.com).
- **Glasgow Doors Open Days Festival:** Die Gelegenheit zu einem Blick hinter die Kulissen vieler historischer Gebäude, Theater, Museumsdepots, Werkshallen, Brauereien, Ateliers etc. (2. Septemberhälfte, www.glasgowdoorsopendays.org.uk).

Feiertage

- **New Year's Day:** 1. Jan.
- **New Year Bank Holiday:** 2. Jan.
- **Good Friday:** Karfreitag
- **Easter Monday:** Ostermontag
- **May Day:** 1. Montag im Mai
- **Spring Bank holiday:** letzter Montag im Mai
- **Glasgow Fair:** Samstag vor dem 3. Montag im Juli
- **Summer Bank holiday:** Anfang August
- **Autumn Holiday:** letzter Montag im Sept.
- **St Andrew's Day:** 30. Nov.
- **Christmas Day:** 1. Weihnachtstag
- **Boxing Day:** 2. Weihnachtstag

Fallen **Bank Holidays** auf einen Samstag oder Sonntag, wird stattdessen der darauffolgende Montag zum Feiertag, bei zwei aufeinanderfolgenden Feiertagen erweitert sich dies auf den Dienstag. I. d. R. haben an diesen Tagen Banken und öffentliche Einrichtungen geschlossen, die meisten Geschäfte, Restaurants etc. aber geöffnet.

Oktober bis Dezember

- **Scottish Queer International Film Festival:** Die Macher des noch jungen Non-Profit-Festivals des schwul-lesbischen Films veranstalten außerdem das ganze Jahr über Events (Okt., www.sqiff.org).
- **Sonica:** Audiovisuelle (Performance-) Kunst von morgen, die elektronische Musik und zeitgenössische Kunst verbindet. Das alle zwei Jahre (in geraden Jahren) stattfindende Festival erhielt 2018 den Scottish Award for New Music (1. Novemberhälfte, https://sonic-a.co.uk).
- **Glasgow Loves Christmas:** Mitte November wird im Stadtzentrum die Festbeleuchtung angeknipst und fortan dreht sich alles um Weihnachten. Diverse Märkte und Veranstaltungen (Mitte Nov.–Ende Dez., www.glasgowloveschristmas.com).

GLASGOW VERSTEHEN

082cg-dr

Glasgow – ein Porträt

Pittoresk, niedlich, touristisch – solche Attribute überlässt die Clyde-Metropole lieber der „Disney-Prinzessin“ Edinburgh. Egal, ob man per Auto oder Bus ins Glasgower Zentrum rollt, aus den Bahnhöfen Queen Street oder Central tritt: Von der ersten Minute an ist man mitten im hemdsärmelig echten Leben der größten Stadt Schottlands, die mit ihren im Gittersystem angelegten Straßen und hohen Häusern einen Hauch von Chicago und kosmopolitisches Flair versprüht.

Glasgow liegt am **Clyde**, dem drittlängsten Fluss Schottlands, der die Stadt in eine Nord- und eine Südhälfte teilt. Rund 25 km flussabwärts mündet er an der Westküste in den von Insel(che)n geprägten Meeresarm **Firth of Clyde:** Selbst in der Innenstadt riecht man die See und hört stets Möwengeschrei. Ebenfalls nur rund 23 km gen Nordwesten grüßt am Ufer des **Loch Lomond** schon die Bergwelt der Highlands, genauso weit ist es ins grüne **Clyde Valley.** Gerade einmal 60 km östlich liegt **Edinburgh,** die Hauptstadt Schottlands.

Vorseite: Der Tolbooth Steeple (21) *markiert den Eingang zur Merchant City* (4)

Glasgows Wurzeln liegen im Mittelalter, über Jahrhunderte blühte es als geschäftige, aber beschauliche Marktstadt abseits der großen politischen Bühne. Bis auf die stolze Kathedrale ist wenig aus dieser Zeit geblieben. Das heutige Stadtbild mit seinem reichen viktorianischen Architekturerbe wurde zum großen Teil von Glasgows Aufstieg zur Handelsmetropole im 18. Jh. und der Industrialisierung im 19. Jh. geprägt, als sie zur **Second City of the Empire,** der zweitwichtigsten Stadt des britischen Weltreichs nach London, aufstieg. Die Docks und Werften, die noch in der ersten Hälfte des 20. Jh. das Bild am Clyde bestimmten, sind inzwischen fast alle verschwunden, auf alte Industriebauten und -brachen stößt man jedoch auch in Innenstadtnähe immer noch.

Der Boom ab dem 18. Jh. ließ Glasgow aus seiner Altstadt im East End nach Westen wachsen, das heutige Zentrum mit klassizistischen **Stadtvillen, Boulevards** und **Kirchen** entstand. Bauwütige Industrielle und Reeder schufen vom 19. Jh. und bis ins frühe 20. Jh. viktorianische **Prachtbauten,** noble **Wohnviertel** wie Pollokshields in der Southside und den Park District im West End. Außerdem wurden gepflegte **Grünanlagen** angelegt. Die neogotische Universität (28) prägt seit 1870 den Kelvingrove Park, wo

074cg-dr

075cg-dr

sich in drei fulminanten Industrie-, Wissenschafts- und Kunstausstellungen mit Millionen von Besuchern das Empire – und Glasgow selbst – feierten. Ein Erbe der **Great International Exhibition** von 1901 ist die Kelvingrove Art Gallery & Museum 27. Ein Gegenpol zu den historisierenden Bauten bilden die **Jugendstilarchitektur**, u.a. von Charles Rennie Mackintosh (s.S. 107), und die **Chicago-Architektur** des frühen 20. Jh.

So weit die glänzende Seite der Medaille. Die auch heute immer noch ärmeren Stadtviertel wie beispielsweise **Calton und Bridgeton** im Osten, **Govan und die Gorbals** im Süden sowie an der Peripherie der Stadt erzählen die andere Seite. Die florierende Wirtschaft zog ab der zweiten Hälfte des 18. Jh. Arbeitsuchende aus dem Umland, arme Zuwanderer aus den Highlands und irische Immigranten an. Im 19. Jh. explodierte die Bevölkerungszahl förmlich und v.a. rund um das Glasgow Cross und an der High Street im East End sowie in den Gorbals in der Southside entstanden **Slums**, in denen katastrophale hygienische Zustände herrschten. Man versuchte, der Lage durch den Abriss ganzer

Ein Hauch von San Francisco: die Gardner Street in Partick [bg]

Ein Himmel voller Türme: Blick von Garnethill [E3/4] aufs West End

KURZ & KNAPP

Typisch Glasgow: Tenements

Noch heute prägen die **Tenements** aus gelbem, grauem und rotem Sandstein ganze Viertel. Mit dem **Tenement House** 13 widmet sich ihnen sogar ein Museum. Die meist vierstöckigen Blocks umschlossen einen Hof mit Garten zum Wäschetrocknen und Außentoiletten. Sie waren von sehr einfachen Einzimmerapartments *(single-end)* bis hin zu großen Wohnungen mit Innenbad unterschiedlich gestaltet. Die meisten wurden mit Alkovenfenstern erbaut, in wohlhabenden Vierteln mit Fassadenschmuck, Buntglas in den Türen und Keramikfliesen im Hausflur *(wally close)* verziert. Rund um die West Prince's Street [D2–E3], westlich der Byres Road [A3–B1], in Hyndland [a/bf] und Partick [a/bg] im West End und in Pollokshields East [cj] in der Southside sind schöne (sanierte) Viertel erhalten.

076cg-dr

Glasgow in Zahlen

- **Gegründet:** 6. Jh.
- **Einwohner:** 635.640 (Stand 2020)
- **Einwohner im Großraum Glasgow:** 2,85 Mio.
- **Bevölkerungsdichte:** 3632 Einw./km²
- **Fläche:** 176,4 km²

Slum-Viertel – was den Verlust eines Großteils der vor 1800 erbauten Architektur Glasgows im East End zur Folge hatte – und dem Neubau von Wohnraum Herr zu werden: Zwischen 1850 und 1900 entstanden die meisten der für Glasgow typischen **Tenements.**

Große Auswirkungen auf das heutige Stadtbild hatte der 1945 veröffentlichte **Bruce Plan.** Glücklicherweise wurde der darin vorgesehene Abriss des Stadtzentrums verworfen. Umgesetzt wurde der Bau von Siedlungen weit vor den Toren der Stadt, die zu großen Teilen aus Hochhausblocks bestanden. Eine Infrastruktur fehlte weitgehend, was bald zu großen sozialen Problemen, Kriminalität und ironischerweise neuer Slumbildung führte. Inzwischen sollen die Hochhäuser wieder weichen.

Außerdem wurde die **Glasgow Inner Ring Road** begonnen – eine Stadtautobahn, die das komplette Zentrum umschließen sollte. Die M8 aus Richtung Edinburgh wurde an der nördlichen und westlichen Innenstadtgrenze herumgeführt, ehe sie als **Kingston Bridge** – mit 150.000 Fahrzeugen pro Tag eine der meistbefahrenen Brücken Europas – über den Clyde auf die Southside und weiter nach Westen verläuft. Die Viertel Charing Cross und Anderston wurden dafür dem Erdboden gleichgemacht, das City Centre im Norden und Westen vom Rest der Stadt abgetrennt. Massive Proteste der Bevölkerung verhinderten daraufhin den restlichen Autobahnausbau im Osten und Süden.

Durch den ab den 1980er-Jahren einsetzenden **Aufschwung** hat sich das Stadtbild erneut geändert: Die Industrie ist größtenteils verschwunden, die Luftqualität hat sich damit verbessert, die Sandsteinfassaden, einst schwarz vom Industrieruß, wurden in den 1980er-Jahren gesäubert. Mit dem Bau des SEC 33 begann die **Revitalisierung der Clyde-Ufer,** verwahrloste Hafen- und Werftanlagen haben Promenaden und modernster Architektur Platz gemacht. Und **das Bauen geht weiter:** 2014 wurde der Glasgow City Deal bewilligt: Mehr als eine Milliarde Pfund investieren die schottische und die britische Regierung sowie lokale Institutionen in den Ausbau der Infrastruktur, in Wirtschaft und Wohnraum in Glasgow und der Metropolregion Greater Clyde Valley.

Glasgows Studierende würdigt ein Mural an einem Gebäude der Strathclyde University an der North Portland Street [H5]

Von den Anfängen bis zur Gegenwart

581: Der hl. Kentigern, in Glasgow Saint Mungo genannt, gründet an der Stelle der heutigen Kathedrale ein Kloster. Aus *glaschu,* dem „lieblichen grünen Ort", geht Glasgow hervor.

1136: Die erste Kathedrale aus Stein wird über Mungos Grab geweiht.

1175: König William I. gewährt per *royal charter* stadtrechtliche Privilegien wie einen Wochenmarkt und den jährlichen Markt Glasgow Fair.

1451: Gründung der University of Glasgow durch Bischof Turnbull und König James II.

1492: Robert Blacader wird erster Erzbischof von Glasgow, das sich zum zweitwichtigsten Kirchenzentrum Schottlands entwickelt.

16. Jh.: Stadtrat und Handwerkergilden etablieren sich.

1560: Schottische Reformation. Die Handwerksgilden retten die Kathedrale vor der Zerstörung.

1568: Bei Langside, südlich des heutigen Queen's Park, schlagen Soldaten des Earl of Moray das Heer Maria Stuarts. Die katholische Königin flieht nach England. Der Protestantismus setzt sich durch.

1603: James VI. von Schottland besteigt als James I. auch den englischen Thron. In Glasgow eröffnen sich neue Märkte, u. a. für Leinen und Garn. Dies ermöglicht im 17. Jh. den Ausbau von Manufakturen für Leinen, Seide und Zucker sowie Kapitalrücklagen.

1611: Glasgow wird *royal burgh* (königliche Freistadt), doch die Bischöfe haben weiterhin das Sagen.

1652: Das „Great Fire" vernichtet ein Drittel der Stadt und macht Tausende obdachlos.

1668: An der Clyde-Mündung entsteht der Seehafen Port Glasgow, was sich für den Tabakhandel mit den britischen Kolonien ab 1707 als günstig erweist.

1677: Nach einem weiteren Brand dürfen neue Häuser nur noch aus Stein und mit Schieferdach gebaut werden. Der Schriftsteller Daniel Defoe preist Glasgow als eine der „saubersten, schönsten und am besten gebauten Städte Großbritanniens".

1690: Das Bischofsamt in der Church of Scotland wird abgeschafft. Der Stadtrat bestimmt fortan Bürgermeister und Richter und regiert eigenständig.

1707: Die Union mit England zum Vereinigten Königreich Großbritannien eröffnet Schottland den Handel mit Englands Kolonien.

Ab 1740: Glasgow profitiert bis 1770 von seiner Lage an der Westküste und wird durch den Handel mit Zucker, Tabak und Baumwolle, der Verarbeitung vor Ort und den Export reich. Auch am Sklavenhandel verdienen die Tobacco Lords (s. S. 18).

1750: Die Einwohnerzahl Glasgows liegt bei 32.000. Durch mehrere Zuwandererwellen wird sie bis 1821 auf 147.000 ansteigen.

1770: Die „New Town" um Buchanan Street und George Square entsteht. Als die amerikanischen Kolonien nach 1776 wegbrechen, wendet man sich anderen Märkten und der Textilindustrie zu. Der Clyde wird mehrfach vertieft, sodass Handelsschiffe zu Beginn des 19. Jh. bis ins Stadtzentrum gelangen.

Ab 1780: Durch Baumwollhandel, die Dampfmaschine des schottischen Erfinders James Watt und den Schiffsbau sowie die regionalen Kohle- und Eisenvorkommen steigt Glasgow zur Second City of the Empire auf, der wichtigsten Stadt im britischen Weltreich nach London.

1787: Der Weberaufstand im East End ist der erste große Zusammenstoß zwischen Arbeitgebern und -nehmern im industriellen Schottland. Sechs Männer sterben. Der Vorfall ist Beginn einer Arbeiterbewegung.

1812: Henry Bells Dampfschiff „Comet“ wird in Port Glasgow gebaut. Die technischen Neuerungen beflügeln die Entwicklung Glasgows zu einem Zentrum des Schiffsbaus und Maschinenwesens.

Ab 1816: Es gibt mehrere Cholera- und Typhusepidemien. Ein Krankheitsherd ist das schmutzige Wasser des Clyde, das als Trinkwasser genutzt wird. V. a. die arme Slum-Bevölkerung leidet durch Luftverschmutzung, Lichtmangel und Mangelernährung unter chronischen Erkrankungen.

1830: Die Textilindustrie hat sich seit 1750 vom Heimgewerbe am Stadtrand in Baumwollfabriken in der Stadt verlagert. Glasgow entwickelt sich zu einem Zentrum der Schwerindustrie.

1833: Isabella Elder gründet das Queen Margaret College for Ladies. Als 1892 Frauen an der Universität zugelassen werden, wird es Teil der University of Glasgow. Marion Gilchrist macht 1894 als erste Frau ihren Studienabschluss (Medizin).

1845: Gründung der Government School of Design, aus der 1892 die Glasgow School of Art wird.

1. Hälfte des 19. Jh.: Einwandererwellen aus Irland und den Highlands lassen die Bevölkerung explodieren. Die Arbeiter leben in Slums, die in den 1840er-Jahren als die schlimmsten in Europa gelten.

077cg-dr

1859/1860: Glasgows Wasserversorgung vom Loch Katrine in den Highlands wird eröffnet, was fortan sauberes Trinkwasser bedeutet.

1870: Die University of Glasgow zieht aus dem East End nach Gilmorehill im Westen. Der im 17. Jh. erbaute Campus an der High Street wird an die Eisenbahn verkauft und abgerissen.

1880er-Jahre: Wirtschaft, Architektur, Kultur, Wissenschaft und Kunst erleben eine Blütezeit. Gleichzeitig ist Glasgow eine der größten Industriestädte, Zentrum des Schiffs- und Maschinenbaus (u. a. Lokomotiven) und technischer Entwicklung des Empire. 1888 empfängt die International Exhibition of Science and Art im Kelvingrove Park ca. 6 Mio. Besucher, unter ihnen Königin Victoria.

1900: Glasgow hat rund 1 Mio. Einwohner.

1901: Die Great International Exhibition besuchen ca. 11,5 Mio. Menschen.

1911: Die Scottish National Exhibition of History, Art and Industry lockt 9,5 Mio. Besucher an.

1919: Bei Demonstrationen für die 40-Stunden-Woche fahren auf dem George Square Panzer auf. Zwischen 1910 und 1930 ist Glasgow durch Streiks und die Arbeiterbewegung als „Red Clydeside“ bekannt.

Ab 1920: Noch werden Schiffe und Lokomotiven gebaut, doch der weltweite Abschwung ist zu spüren, 1933 liegt die Arbeitslosigkeit bei 30 %. Armut und Überbevölkerung betreffen v. a. die Gorbals südlich des Clyde, wo berüchtigte Slums entstehen.

1938: Zur British Empire Exhibition kommen 12 Mio. Besucher in den Bellahouston Park (Southside).

Das Stadtwappen mit dem Motto „Let Glasgow flourish“ („Lass Glasgow blühen“) wurde im Bodenmosaik im Foyer der City Chambers (2) verewigt

083cg-dr

1951: Glasgow zählt 1.090.000 Einwohner. Um die Wohnbedingungen zu verbessern, wird die Bevölkerung in neue (Hochhaus-)Siedlungen außerhalb der Stadt umgesiedelt. 50 Jahre später leben nur noch rund 600.000 Menschen in der Stadt.

1960er- bis 1970er-Jahre: Rezession und Konkurrenz aus Billiglohnländern schwächen die Wirtschaft. Werften, Fabriken, Stahlwerke und Kohleminen in der Umgebung Glasgows schließen. Massenarbeitslosigkeit und Armut sind die Folge.

1983: Die Eröffnung der Burrell Collection im Pollok Park läutet den Beginn des Strukturwandels zur Kultur- und Dienstleistungsstadt ein. Gleichzeigt treibt die „Glasgow's Miles Better"-Marketingkampagne den Imagewechsel voran.

1988: Das Glasgow Garden Festival auf dem früheren Hafengelände der Princes Docks (jetzt Science Centre) mit 4,3 Mio. Besuchern gilt als Start einer neuen Ära.

1990: Glasgow wird Europäische Kulturhauptstadt.

1999: Glasgow wird UK City of Architecture and Design.

2013: „People Make Glasgow", heißt der neue Slogan des Stadtmarketings. Glasgow hat den Wandel zur Entertainment-, Kultur- und Konferenzstadt geschafft.

2014: Am 23. Mai steht das Mackintosh Building der Glasgow School of Art in Flammen.

2014: Der Riesenerfolg der Commonwealth Games verfestigt das positive Image als Sportstadt.

2014: Am schottischen Unabhängigkeitsreferendum beteiligen sich 75 % der Glasgower Wahlberechtigten. 54 % stimmen für die Unabhängigkeit, doch der Rest Schottlands sagt „No".

2016: Beim Brexit-Referendum stimmen 62 % der Schotten für den Verbleib in der EU, in Glasgow sind es 66 %.

2017: Die Scottish National Party (SNP) löst die Scottish Labour Party nach 37 Jahren an der Spitze des Stadtrats ab.

2018: Am 15. Juni brennt die Glasgow School of Art erneut. Der Wiederaufbau soll bis in die 2030er-Jahre dauern.

2019: Glasgow wird von der EU-Kommission zur UK Top Cultural and Creative City ernannt.

2020: Am 31. Januar scheidet Großbritannien mit dem Brexit aus der EU aus.

2022: First Minister Nicola Sturgeon kündigt an, ein neues „Indy Ref" abhalten zu wollen.

Das SEC 33 Armadillo („Gürteltier") nennen manche auch „Croissant"

Leben in Glasgow

Glasgow gibt sich unverblümt und direkt, klopft einem als Willkommensgruß quasi herzhaft auf die Schulter. Traditionell gilt es als Industrie- und Arbeiterstadt, hat sich in den letzten Jahren aber als Kunst-, Kultur- und Design-Destination neu erfunden. Einst als Getto ohne Zukunft abgestempelt, hat die Stadt in den letzten 30 Jahren in Siebenmeilenstiefeln aufge- und andere überholt: 2019 wurde Glasgow von der EU-Kommission zur wichtigsten Kultur- und Kreativstadt Großbritanniens mit europaweiter Strahlkraft gekürt. Glasgow befindet sich in einem aufregenden Wandel.

Noch immer ist sie eine Stadt der Kontraste mit großen sozialen Unterschieden. Der Aufschwung hat längst nicht alle Ecken erreicht. In den Außenbezirken kämpfen die Menschen mit sozialen und gesundheitlichen Problemen, Drogen und Kriminalität. Der Fall eines der wichtigsten Industrie- und gesellschaftlichen Zentren Großbritanniens war hart und an einigen strukturellen Problemen knabbert man noch heute. Aber man knabbert – denn es liegt nicht in der Natur der Glaswegians, die Hände in den Schoß zu legen. Als Anfang der 1980er-Jahre der Tiefpunkt erreicht war, begann man, nicht nur im übertragenen Sinne, auf den verfüllten alten Hafenbecken am Clyde die Zukunft aufzubauen.

„Glasgow's Miles Better" hieß 1983 die Kampagne, mit der der Imagewandel angekurbelt wurde und die sich an keinem geringeren Vorbild als dem „Big Apple" ein Beispiel nahm. Dort hatte der selbstbewusste Slogan „I Love New York" samt Stadterneuerungsprogramm Wunder gewirkt, also sagte man: „Glasgow ist um Längen besser", entstaubte das viktorianische Architekturerbe, brachte den Jugendstilkünstler Charles Rennie Mackintosh (s. S. 107) in Erinnerung, machte die wertvolle **Burrell Collection** endlich in einem neuen Museumsbau der Öffentlichkeit zugänglich, zeigte mit dem Garden Festival 1988 der Welt, dass Glasgow auch Grün kann, – und hatte Erfolg. 1990 wurde Glasgow **Europäi-**

079cg-dr

sche Kulturhauptstadt, 1999 **UK City of Architecture and Design.** Seitdem heißt es: The only way is up!

Noch ehe ab Mitte der 1980er-Jahre von der **Glasgow School of Art** (11) mit den New Glasgow Boys ein frischer Kunstimpuls um die Welt ging und ihre Absolventen reihenweise die internationalen Kunstpreise abräumten, machten die Künstler in Do-It-Yourself-Manier ihr eigenes Ding und etablierten Galerien und Kunstzentren in ausgedienten Fabriken, die auch heute noch das Herz der lebendigen Szene bilden. Dasselbe trifft auf die Musikkultur zu, die tief in der Stadt verwurzelt ist und die UNESCO dazu veranlasste, Glasgow 2008 zur **City of Music** zu ernennen. Die Stadt gilt heute als *das* Zentrum für Kultur und Kunst in Schottland. Mehr als 100 Kulturorganisationen, das Royal Scottish National Orchestra, das National Theatre of Scotland, das BBC Scottish Symphony Orchestra, die Scottish Opera und das Scottish Ballet haben hier ihren Sitz. Mit der Kunstakademie Glasgow School of Art und dem **Royal Scottish Conservatoire** sind zwei weltweit anerkannte Hochschulen der feinen und darstellen Künste in der Stadt beheimatet. Für junges Flair sorgen aber auch die weiteren drei **Universitäten** und die drei **Colleges** – rund 150.000 Studierende zählt die Stadt insgesamt.

Glasgow ist nicht nur Schottlands größte Stadt, sondern mit einem Anteil von 12 % **ethnischen Minderheiten** auch die vielfältigste: Den größten Anteil machen Pakistaner aus, gefolgt von Afrikanern, Chinesen, Indern, Polen und Iren. Es leben etwas mehr Frauen als Männer hier, die meisten Bewohner sind konfessionslos, die stärksten **Glaubensgruppen** sind Katholiken und Protestanten, gefolgt von Muslimen. Wirtschaftlich bedeutend sind das Gastronomie- und Hotelgewerbe sowie der Dienstleistungsbereich und das Finanzwesen. Auch der **Tourismus** spielt inzwischen eine wichtige Rolle: Glasgow steht in Großbritannien auf Platz sechs bei den internationalen Besuchern, die meisten von ihnen aus Europa. 2019 ließen 2,5 Mio. Gäste rund 774 Mio. £ in der Stadt, auf 771.000 internationale Übernachtungsgäste kamen ca. 1,7 Mio. von der Insel. 19 Mio. Tagesbesucher gaben zudem im Dreijahresdurchschnitt (2017–2019) eine Milliarde Pfund aus.

078cg-dr

Viktorianische Pracht im City Centre: das voco Grand Central Glasgow (s. S. 128)

Nah am Wasser gebaut: die Speirs Wharf im Glasgower Norden

Fußball am Clyde

„The Old Firm" heißt das Derby der beiden großen Fußballvereine Glasgows: des in Grün-Weiß auflaufenden **Celtic FC** und der blau-weißen **Rangers.** Dass ihre Fans ihnen mit religiösem Eifer folgen, ist mehr als bildlich gesprochen: Die 1872 gegründeten Rangers werden von den schottischen Protestanten angefeuert –1987 wurde unter Protesten erstmals ein Katholik verpflichtet –, während Celtic 1888 als Verein der katholischen irischen Einwanderer gegründet wurde. Bei aller sportlichen Rivalität schwelt auf dem Feld und an dessen Rand zudem stets der Religionskonflikt. Regelmäßig knallte es beim Derby und in den 1950er-Jahren waren die Clubs ebenso für ihre sportlichen Erfolge wie für ihre gewaltbereiten Fans bekannt. Heute geht es gelassener zu, doch sollte man einen Fan nicht unbedingt von den Vorzügen des Gegners überzeugen wollen – das kann auch für Auswärtige, selbst bei den freundlichen Glaswegians, ins bzw. aufs Auge gehen.

Bis heute sind Glasgows Fußballclubs die stärksten Teams Schottlands. The Old Firm ist das älteste und am häufigsten ausgetragene Derby: 55-mal gewannen bis dato die Rangers die Meisterschaft, 52-mal Celtic. 1967 holte Celtic in Lissabon als erstes britisches Team den Europapokal der Landesmeister (heute UEFA Champions League), 1972 die Rangers den Europapokal der Pokalsieger.

In beiden Stadien der Vereine werden Führungen angeboten:

S153 [ah] **Ibrox Stadium,** 150 Edmiston Drive, Subway: Ibrox, Tel. 0871 7021972, https://rangers.co.uk, Führung Do.–So. (Zeiten s. Website), Erw./Kind 15/5 £

S154 [ej] **Celtic Park,** ScotRail: Dalmarnock und 15 Min. zu Fuß, Tel.0871 2261888, www.celticfc.net, Führung Mo.–Fr. 11, 13.30, Sa./So. 11, 11.30, 12.30, 13, 14, 14.30 Uhr, außer an Spieltagen, Erw./Kind bis 12 Jahre 17/10 £

Ginge es nach den Glaswegians, wäre ein **unabhängiges Schottland als Mitglied der EU** der Idealfall. Mehrheitlich sprachen sie sich 2014 im Unabhängigkeitsreferendum für die Abspaltung vom UK aus, 2016 lehnten 66% der Stadtbewohner den EU-Ausstieg per Brexit ab. Doch auch das nationale „No" des Nordens nutzte nichts, der in Glasgow äußerst unbeliebte damalige britische Premier Boris Johnson zerrte Schottland aus der EU. Für First Minister Nicola Sturgeon von der regierenden, sozialdemokratisch ausgerichteten Scottish National Party (SNP) war von Anfang an klar, dass dies hervorragender Nährboden für ein neues schottisches Unabhängigkeitsreferendum ist. Die nach dem EU-Austritt im Sinkflug begriffene britische Wirtschaft befeuert die Pläne. Mit der 2020 einsetzenden Coronapandemie hatte man freilich erst einmal neue Probleme auf dem Tisch. Auch hier zeigte sich, dass Schottland lieber seine eigenen Wege geht, denn hier galten durchweg strengere Regeln. Im Juni kündigte Sturgeon ein weiteres Referendum für Oktober 2023 an – ein Urteil des Supreme Court of the United Kingdom vereitelte diesen Plan vorerst, doch die Unabhängigkeit wird auf der Agenda der SNP bleiben.

Mit diesem Wissen sei Besuchern ans Herz gelegt: Die **Glaswegians** sind freundlich, herzlich und humorvoll, nehmen sich selbst nicht zu ernst, sagen Ja zum Leben und jeder Feier. Nicht umsonst heißt es, dass man auf einer Beerdigung in Glasgow mehr Spaß haben kann als auf einer Hochzeit in Edinburgh. Doch auch sie reagieren verschnupft, wenn man sie als Engländer bezeichnet. Glasgow liegt in Schottland, nicht in England. Aber in Großbritannien: „Briten" geht also klar. Noch.

Charles Rennie Mackintosh und der Glasgow Style

Und sie lieben ihn doch. Wenn auch auf den zweiten Blick. An der Wende zum 20. Jh. schuf der Architekt Charles Rennie Mackintosh (1868–1928) mit der Glasgow School of Art ein Wahrzeichen der Stadt. Weltweit gefeiert als Wegbereiter der Moderne und Mitbegründer des Glasgow Style, der schottischen Ausprägung des Jugendstils, haperte es ausgerechnet in der Heimat mit der Anerkennung. Der Prophet im eigenen Land, man kennt das ja. Seitdem ist viel passiert. Glasgow heimste prestigeträchtige Kulturtitel und Architekturpreise ein und stellte schließlich fest: „Barcelona hat Gaudí, Chicago hat Frank Lloyd Wright und Glasgow hat Mackintosh", wie ein beliebter Slogan heute selbstbewusst verkündet.

Seit die Stadt eines ihrer größten Talente wiederentdeckt hat, lässt sie es nicht mehr los. Der einst unbequeme „Stilrevoluzzer" wird heute liebevoll „**Toshie**" genannt, stolz ist man auf das architektonische Werk und dass sich dieses im Grunde ausschließlich in Glasgow und dessen Umgebung befindet. Wer Mackintosh erleben will, muss also an den Clyde kommen. Dasselbe gilt für die Werke, die er als Innenarchitekt, Designer und Kunsthandwerker mit seiner Frau, der Künstlerin **Margaret Macdonald**, schuf und die heute in den besten Museen der Stadt, u. a. der **Kelvingrove Art Gallery & Museum** 27 und im **Mackintosh House** 30, zu sehen sind. Was im Lauf der Zeit noch gleichmütig dem Verfall oder gar der Abrissbirne anheimgegeben wurde, wird heute mit viel Energie restau-

080cg-dr

riert oder rekonstruiert, z. B. der Teesalon **Mackintosh at the Willow** 10. Als 2018 zum zweiten Mal ein verheerender Brand das Hauptgebäude der **Glasgow School of Art** 11 verwüstete, hieß es nach dem ersten Schock: Dann bauen wir es eben wieder auf. Geschätzte Kosten: 100 Mio. £.

Es ist Mackintoshs Lebensdrama, dass ihm diese Wertschätzung zu Lebzeiten in seiner Heimat versagt blieb. Dabei waren seine Entwürfe am Ende des 19. Jh., als es dem Viktorianismus nicht überbordend und bombastisch genug sein konnte, in ihrer schlichten Eleganz und Funktionalität nicht weniger als **revolutionär,** was insbesondere in der Jugendstilbewegung in Deutschland und Österreich auf Widerhall stieß. Seine Bedeutung für die Architektur der Moderne des 20. Jh. ist daher enorm. Er ließ sich von schottischer Burgenarchitektur, aber auch von internationalen Einflüssen wie dem Japonismus inspirieren, spielte mit Asymmetrien und lud dekorative Elemente mit symbolischer Bedeutung auf. Zu seinen Markenzeichen gehören **Kontraste** – hell und dunkel, niedrig und hoch, geometrische Muster und sanft geschwungene Linien –, die im Zusammenspiel Wirkung erzeugen. Nichts in seinen Entwürfen ist dem Zufall überlassen, seine Vision war das Erschaffen eines **Gesamtkunstwerks.**

Charles Rennie Mackintosh kam am 7. Juni 1868 als zweites von elf Kindern im East End Glasgows zur Welt. Mit 16 Jahren begann er eine Lehre im Architekturbüro Hutchison, ab 1889 arbeitete er für das Architektenteam **Honeyman & Keppie.** Ab 1884 studierte er zudem in Abendkursen Zeichnen, Malen und Archi-

Street-Art-Künstler Rogue-one schuf dieses Mural zu Mackintoshs 150. Geburtstag. Es ist Teil des Mural Trail (s. S. 26).

„Toshie" in Stein gehauen an der Ecke Argyle/Elliot Street [D4]

tektur an der Glasgow School of Art. Maßgeblich war das Aufeinandertreffen mit James Herbert MacNair (1868–1955), einem Kollegen bei Honeyman & Keppie, und den beiden Schwestern Frances (1873–1921) und Margaret Macdonald (1864–1933), die ebenfalls an der Glasgow School of Art studierten. Als **„The Four“** begründeten sie in den 1890er-Jahren die Kunstströmung der **Glasgow School** (s. S. 29) mit und etablierten innerhalb des Arts and Crafts Movement den **Glasgow Style**, der von keltischen Motiven, Japonismus, geometrischen Mustern und geradliniger Schlichtheit geprägt ist. Mit Margaret, die Mackintosh 1900 heiratete, verband ihn zeitlebens eine partnerschaftliche Zusammenarbeit. Über seine Frau sagte er, sie trüge zu seiner Arbeit mindestens die Hälfte, wenn nicht gar zwei Drittel bei. Sie sei Genie, er nur talentiert.

Nach Entwürfen für das **Glasgow Herald Building** (heute Lighthouse 7), des Queen Margaret's Medical College und der Martyrs' Public School begannen 1896 mit dem Auftrag für das Hauptgebäude der **Glasgow School of Art** die fruchtbarsten Jahre von Mackintoshs Karriere. Trotz des knappen Budgets und des kleinen, abschüssigen Geländes wurde das „Mack“ zu seinem Meisterstück und einem **Schlüsselwerk der Moderne.** Im selben Jahr nahm die Zusammenarbeit mit der Unternehmerin **Catherine Cranston** (s. S. 27), die 21 Jahre andauern sollte und für die er **vier Teesalons in Glasgow** gestaltete, ihren Anfang. Einzig erhalten ist der Tearoom Mackintosh at the Willow 10, für den Cranston den Mackintoshs eine der raren Gelegenheiten gab, ihre Ideen der Gestaltung als Gesamtkunstwerk – vom Fundament über den Türknauf bis hin zum Lampendesign und dem Besteck – umzusetzen. Für die Salons entwarf Mackintosh die berühmten **hochlehnigen Stühle**, die den Gästen am Tisch eine besondere Privatsphäre geben. Auf einem solchen sitzt der Meister seit 2019 „verdenkmalt“ an der Ecke Argyle/Elliot Street [D4]. 1897 baute Mackintosh mit der Queen's Cross Church (s. S. 110) seine einzige Kirche, die heute Sitz der Charles Rennie Mackintosh Society ist. 1901 entstand das **Hill House** 44 für den Verleger Blackie und 1906 die **Scotland Street School** 38.

Gleichzeitig hatten die Mackintoshs im Ausland Renommee erlangt. 1900 wurde der eigens für die **8. Ausstellung der Wiener Sezession** gestaltete „Schottische Raum“ gefeiert, der

081cg-dr

dem Glasgow Style auf dem Kontinent Aufmerksamkeit verschaffte. 1902 wurden die Entwürfe für den Wettbewerb **„Haus eines Kunstfreundes"** des deutschen Verlegers Alexander Koch in dessen Zeitschrift veröffentlicht.

Nach Fertigstellung der Glasgow School of Art 1909, deren Bau sich mehrere Jahre hingezogen hatte, begann Mackintoshs Stern in Glasgow jedoch zu sinken. Aufgrund fehlender Anerkennung desillusioniert, war er zum Exzentriker geworden, der weder Deadlines noch Absprachen einhielt und einen Hang zum Alkohol hatte. 1913 wurde seine seit 1904 bestehende Partnerschaft bei Honeyman & Keppie aufgelöst. Ein Jahr später zog das Ehepaar nach **London,** doch der Zweite Weltkrieg machte auch dort Aufträge rar. Zwar schuf Mackintosh in den kommenden Jahren Interieurs und Textildesigns, doch von seinen Architekturentwürfen wurde bis auf **ein Wohnhaus in Northampton** kaum etwas realisiert. Schließlich gab Mackintosh die Architektur ganz auf und verbrachte ab 1923 seine letzten Lebensjahre im südfranzösischen Port-Vendres mit **Aquarellmalerei.** An Zungenkrebs erkrankt, kehrte er 1927 nach London zurück, wo er am 10. Dezember 1928 starb. Seine Frau Margaret überlebte ihn nur um fünf Jahre.

In seiner schottischen Heimat geriet sein Werk in Vergessenheit. Erst zu seinem 100. Geburtstag fand 1968 in Edinburgh eine Ausstellung statt. Im Zuge der Neuorientierung Glasgows zur Kunst-, Kultur- und Architekturstadt sowie Tourismusdestination und der Ernennung zur Europäischen Kulturhauptstadt im Jahr 1990 wurde schließlich das Mackintosh-Erbe der Stadt neu entdeckt. Heute gilt der **„Vater des Glasgow Style"** als einer der größten Architekten der Stadt – und Gallionsfigur des Tourismus.

MEIN TIPP

Ein Halleluja für Toshie

Der Erhalt des Mackintosh-Erbes ist zu einem großen Teil Verdienst der 1973 gegründeten **Charles Rennie Mackintosh Society (CRM).** Die unabhängige Stiftung macht das Werk von C.R. Mackintosh und seiner Frau Margaret Macdonald auch durch Vorträge, Führungen und Veranstaltungen zugänglich. Ihren Hauptsitz hat sie in der **Mackintosh Queen's Cross Church.** Hier kann man sich über alles informieren, was mit „Toshie" zu tun hat, und in der umfangreichen Bibliothek stöbern. Das sehenswerte Gebäude strahlt in eleganter Schlichtheit und mit Akzenten wie den Buntglasfenstern, den kunstvollen Schnitzarbeiten und Blumendekors in den Glaseinlegearbeiten eine erhabene Schönheit aus.

★**155** [D1] **Mackintosh Queen's Cross Church,** Queen's Cross, 870 Garscube Rd, Tel. 0141 9466600, www.mackintoshchurch.com, First Bus 60, 61, 60a: Bonawe Street, Mo., Mi., Fr. 11–16 Uhr, letzter Einlass je 15.30 Uhr, 5 £, Kinder frei, Führungen 10 £

Weitere Informationen zu Mackintosh:

- www.mackintosh-architecture.gla.ac.uk
- www.crmsociety.com
- https://gsaarchives.net. Das Archiv der Glasgow School of Art im Whisky Bond kann nach Anmeldung besichtigt werden (Mo.–Fr. 10–16 Uhr).

PRAKTISCHE REISETIPPS

084cg-dr

An- und Rückreise

Mit dem Flugzeug

Der 13 km westlich des Zentrums gelegene **Glasgow Airport** (GLA) wird von Berlin (easyJet) und Frankfurt a. M. (Lufthansa), Genf (easyJet, Jet2.com) und Salzburg (TUI Airways, British Airways) direkt angeflogen. Weitere Verbindungen gibt es mit Zwischenlandung, z. B. in London.

•156 **Glasgow Airport,** www.glasgowairport.com

Die schnellste **Verbindung ins Zentrum** ist der **Glasgow Airport Express 500** (First Bus, s. S. 131) ab Bussteig 1 vor dem Hauptterminal. Eine Fahrt mit **Glasgow Taxis** (s. S. 131) in die City kostet ca. 25 £.

› **Glasgow Airport Express 500** bis George Sq. ca. 20 Min., bis Buchanan Bus Station ca. 25 Min., tägl. ab Flughafen 5–24 Uhr, ab Buchanan Bus Station 4.30–24 Uhr, alle 15 Min., 20–24 Uhr alle 30 Min., Tickets im Bus (bar, Karte, Apple/Google Pay) Erw. 9 £, hin und zurück 14,80 £, Kind 5/7,80 £, per App günstiger

Gute Flugverbindungen bietet auch der etwa 60 km von Glasgow entfernte **Edinburgh Airport** (EDI, www.edinburghairport.com). Er wird von allen größeren deutschen Städten sowie von Innsbruck, Salzburg und Wien, Basel, Genf und Zürich angeflogen. Mit dem **Citylink AIR** (www.citylink.co.uk) ist man in einer Stunde an der Glasgow Buchanan Bus Station.

› tagsüber alle 30 Min., nachts stündlich, einfach 13,90 £, hin und zurück 23,40 £

Mit dem Zug

Die beste Zugverbindung (z. B. ab Köln) führt über **Bruxelles-Midi** (Belgien), wo man in den Eurostar eincheckt (Zeit für Sicherheitskontrolle einplanen!) und durch den Eurotunnel nach **London St Pancras International** fährt. Vom ca. 800 m entfernten Bahnhof **London-Euston** geht mind. stündlich ein Direktzug nach **Glasgow Central** 8. Tickets kauft man für die Strecke nach London bei der Deutschen Bahn und ab London direkt bei Avanti West Coast (www.avantiwestcoast.co.uk), ScotRail (s. S. 130) oder National Rail (www.nationalrail.co.uk).

Auch der Nachtzug **Caledonian Sleeper** verbindet London-Euston und Glasgow Central (Liegesessel oder Doppelkabine im Schlafwagen, Preise variieren, www.sleeper.scot).

Mit Fähre und Auto

Für die Anreise mit dem Auto sollte man zwei Tage einplanen. Über Nacht fahren **DFDS Seaways** (www.dfds.com) von Amsterdam nach Newcastle (ca. 16 Std.) und **P&O Ferries** (www.poferries.com) von Rotterdam nach Hull (12 Std.). Von Newcastle sind es 264 km, von Hull 431 km bis Glasgow.

Ab Calais (90 Min.) oder Dunkerque (2 Std.) in Frankreich gibt es günstigere Verbindungen nach Dover, ab Calais kann man auch den Autozug durch den Eurotunnel (www.eurotunnel.com) nach Folkstone (35 Min.) buchen (ca. 750 km bis Glasgow).

Vorseite: Schielende Brücke – der Clyde Arc [C6] heißt auch „squinty bridge“

Raus aus der Central Station 8 und rein ins wuselige City Centre

085cg-dr

Mit dem Bus

Je nach Abfahrtsort braucht man mehr als 24 Std. per Bus nach Glasgow. Die **Deutsche Touring/Eurolines** (www.eurolines.de) fährt bis London, dort steigt man an der Victoria Coach Station in einen Bus des **National Express** (www.nationalexpress.com) um.

Autofahren

In Glasgow und Umgebung braucht man kein Auto, das Zentrum lässt sich zu Fuß erkunden, es gibt ein gutes Leihradsystem und ÖPNV-Netz. Zudem ist der Verkehr in der Stadt und auf den Stadtautobahnen dicht, der Linksverkehr kommt als möglicher Stressfaktor hinzu.

Das **Parken** am Straßenrand in der Innenstadt ist teuer (tgl. mind. 8–18 Uhr, 0,40–1,20 £/15 Min.) und die Parkdauer ist oft begrenzt (1–3 Std.). Hilfreich ist die **„Interactive Parking Map"** unter www.glasgow.gov.uk/parking, die Parkzonen inkl. Gebühren, Großparkplätze und Parkhäuser anzeigt. In Letzteren steht man tagsüber ab 2,20 £/Std. Flatrates von 3 bis 5 £ gelten zwischen 18 und 8 Uhr und sonntags. Über die **App RingGo** (kostenlos für iOS und Android) kauft man bargeldlos Tickets für Parkplätze am Straßenrand. Ein **Parkverbot** wird durch eine durchgezogene Doppellinie in Gelb angezeigt, eine einzelne gelbe Linie weist auf ein eingeschränktes Halteverbot hin, rote durchgezogene Linien auf ein absolutes Halte- und Parkverbot.

In Schottland gilt **Linksverkehr**, in Kreisverkehre fährt man nach links ein und gewährt den von rechts kommenden Fahrzeugen Vorfahrt, ebenso an mit „Give Way"- und „Stop"-Schildern gekennzeichneten Kreuzungen und an doppelten, durchgezogenen oder gestrichelten Haltelinien.

Das **Tempolimit** liegt im Ort bei 30 mph (48 km/h), auf einspurigen Landstraßen bei 60 mph (96 km/h), auf zweispurigen Straßen und Autobahnen bei 70 mph (112 km/h). In Schottland gilt mit 0,5 ‰ eine niedrigere **Alkoholgrenze** als in England (0,8 ‰).

EU-Bürger brauchen einen deutschen oder den **EU-Führerschein.** Für den eigenen Pkw sollte man den Fahrzeugschein dabeihaben. Seit dem Brexit wird zudem die sogenannte **Grüne Versicherungskarte** bzw. Internationale Versicherungskarte (IVK) dringend empfohlen – und zwar ausgedruckt, ein digitales Dokument reicht nicht. Am besten fragt man bei seiner Kfz-Versicherung nach, ob das Gebiet des Vereinigten Königreichs abgedeckt ist. Führerscheine aus dem nicht-europäischen Ausland dürfen in Schottland bis zu zwölf Monate lang benutzt werden.

Tankstellen verkaufen bleifreies **Benzin** (*unleaded petrol*) und Diesel, die Preise sind in etwa vergleichbar mit denen in Deutschland. Auch LPG

087cg-dr

und Strom bekommt man. Handys am Steuer sind verboten.

Pannenhilfe geben die AA (Automobile Association) und der RAC (Royal Automobile Club), die mit vielen europäischen Automobilclubs kooperieren. Alternativ empfiehlt sich ein Auslands-Autoschutzbrief.

› **AA,** www.theaa.com, Tel. 03330 046046
› **RAC,** www.rac.co.uk, Tel. 0330 1598743

Barrierefreies Reisen

Öffentliche Gebäude, Museen und **Veranstaltungsorte** sind i. d. R. barrierefrei zugänglich, Assistenzhunde erlaubt. **Hörbehinderten** steht oft eine Induktionsschleife *(hearing loop)* zur Verfügung, **Sehbehinderte** werden durch akustische Signale oder Brailleschrift unterstützt. Behindertenparkplätze sind üblich. Näheres zur Barrierefreiheit einer Einrichtung steht auf den jeweiligen Websites unter „access", „accessibility" oder „accessibility guide". Unter **www.euansguide.com** und **www.accessable.co.uk** findet man zudem eine Übersicht barrierefreier Orte mit detaillierter Beschreibung.

› www.visitscotland.com/de-de/accommodation/accessible: Suchfunktion für barrierefreie Unterkünfte

Busse sind mithilfe von Rampen oder Hebebühnen i. d. R. mit dem Rollstuhl zugänglich. Der Busbahnhof **Buchanan Bus Station** (s. S. 131) ist rollstuhlgerecht gestaltet, ein Audiosystem und der tastbare Überblicks-

Das tastbare Glasgow-Relief findet sich am Cathedral Square [J5]

plan in der Haupthalle unterstützen bei der Orientierung. Wer spezielle Hilfe benötigt, wählt die Tel. 0141 3333762.

In der **Subway** stehen Induktionsschleifen an den Ticketschaltern zur Verfügung, taktile Wegführung ist vorhanden, Assistenzhunde sind erlaubt. Schwerer haben es Gehbehinderte: Rollstühle sind in den kleinen Zügen nur zusammengeklappt erlaubt, zudem sind die meisten Bahnsteige leider nur über Treppen erreichbar. Über deren Anzahl und Fahrstühle informiert die Website.

Alle **Glasgow Taxis** verfügen über Rampen für Rollstühle, Sicherheitsgriffe, Signalmarkierungen für Menschen mit Sehschwäche und Induktionsschleifen für Hörgeschädigte.

Die Bahnhöfe **Central Station** 8 und **Queen Street Station** [G5] sind barrierefrei. Der Mobility Assistance Point in der Haupthalle der Central Station ist täglich von 7 bis 22 Uhr besetzt, an der Queen Street Station Mo. bis Sa. von 7 bis 21 und So. von 10 bis 18 Uhr. Näheres auf der Website von ScotRail. Wer Hilfe, z. B. beim Ein- und Aussteigen, oder eine Begleitperson benötigt, kontaktiert am besten 24 Std. (bzw. bei ScotRail 2 Std.) vor der Anreise die Bahngesellschaft oder die zentrale Nummer der Passenger-Assist-Hotline von National Rail, die kostenfrei rund um die Uhr erreichbar ist.

- **ScotRail**, Tel. 0800 9122901, www.scotrail.co.uk
- **National Rail**, Tel. 0800 0223720, www.nationalrail.co.uk/stations_destinations/disabled_passengers.aspx
- **Weitere Bahngesellschaften:** Caledonian Sleeper, Tel. 03300 600500; CrossCountry, Tel. 08448 110125; TransPennine Express, Tel. 0800 1072149; Avanti West Coast, Tel. 08000 158123

Diplomatische Vertretungen

- **Deutsches Generalkonsulat**, 16 Eglinton Crescent, Edinburgh EH12 5DG, Tel. 0044 (0)131 3372323, https://uk.diplo.de/uk-en/01/2consulate-general
- **Österreichisches Generalkonsulat**, 15 Old Fishmarket Close, Edinburgh EH1 1AE, Tel. 0044 (0)131 6182819, www.bmeia.gv.at
- **Schweizerische Botschaft**, 16–18 Montagu Place, London W1H 2BQ, Tel. 0044 (0)20 76166000, www.eda.admin.ch/london

Ein- und Ausreisebestimmungen

Großbritannien ist mit dem Brexit aus der EU ausgeschieden, daher braucht man für die Einreise einen **Reisepass**, der mind. für die Dauer des Aufenthalts gültig sein muss. Der Personalausweis wird nicht akzeptiert! EU-Bürger und Schweizer Staatsangehörige, die touristische oder Geschäftsreisen unternehmen, dürfen bis zu sechs Monate bleiben, ohne dass ein Visum benötigt wird. Bei der Einreise können Grenzbeamte nach einem Beleg fragen, dass man als Tourist oder geschäftlich im Land ist, z. B. eine Hotelbuchung. Wer aufgrund von Studium oder Arbeit länger als sechs Monate bleiben will, muss eine Aufenthaltsgenehmigung beantragen.

Aktuelle Informationen zur Einreise nach Großbritannien findet man unter www.gov.uk/guidance/visiting-the-uk-after-brexit und www.auswaertiges-amt.de.

Über die aktuelle **Coronalage** und -regelungen informiert die schottische Regierung unter www.gov.scot/coronavirus-covid-19.

Einverständniserklärung für Minderjährige

Reisen Kinder nur mit einem Elternteil, ist in vielen Ländern bei der Einreise eine Einverständniserklärung des anderen Elternteils erforderlich. Detailinfos siehe Website des Auswärtigen Amtes (www.auswaertiges-amt.de).

Zoll

Wer in Glasgow shoppen geht, muss die Zollgrenzen im Auge behalten, um nicht bei der Einreise ins Heimatland kräftig draufzuzahlen. Die erlaubten Mengen können unter www.zoll.de eingesehen werden.

Elektrizität

Die Netzspannung in Großbritannien liegt bei **240 V/50 Hertz.** Geräte aus Deutschland, Österreich und der Schweiz können problemlos verwendet werden. Für die dreipoligen G-Stecker und Steckdosen im Vereinigten Königreich ist ein **Adapter** notwendig.

Geldfragen

In Großbritannien wird das **Pfund Sterling** *(Pound Sterling,* Abk. £) verwendet, ein Pfund besteht aus 100 *pence/pennies.* Die englischen und schottischen Banken geben je eigene Geldnoten heraus, die aber denselben Wert haben. An Geldautomaten *(ATM, cash machine)* kann man mit einer Kreditkarte und in der Regel auch mit Debit- bzw. Girokarten (sofern sie das Maestro- oder VPAY-Logo tragen) Bargeld abheben. Für die Auslandsauszahlung fallen oft Gebühren der eigenen Bank an.

Beim Abheben von Bargeld in Landeswährung wird manchmal angeboten, dass die Abrechnung mit dem eigenen Konto in Euro erfolgen kann (**Dynamic Currency Conversion, DCC**). Man sollte die Abrechnung in Pfund wählen, dann rechnet die Bank mit dem offiziellen Devisenkurs, der i. d. R. erheblich günstiger ist.

Debit- und Kreditkarten werden in Läden, Restaurants und an Automaten weitgehend akzeptiert, für Debit- bzw. Girocards ist Maestro oder VPAY Voraussetzung. Da manche Unternehmen Letztere nicht unterstützen, sollte man unbedingt eine Kreditkarte als Backup dabeihaben. Inzwischen braucht man oft die PIN, die Autorisierung per Unterschrift ist nicht mehr üblich. Am weitesten verbreitet ist inzwischen das Bezahlen per contactless-Funktion, zu erkennen am entsprechenden Logo auf der Karte. In Schottland wird wesentlich häufiger mit Karte bezahlt – sogar das Bier im Pub. I. d. R. kostet der Auslandseinsatz der Karten allerdings **pro Transaktion eine Gebühr** (prozentualer Anteil des Betrags), diese sollte man vor der Reise beim eigenen Geldinstitut erfragen, da sich der Betrag bei mehreren einzeln bezahlten Getränken an einem Abend im Pub ziemlich zusammenläppern kann.

Wechselkurs
(Stand: Januar 2023)

1 £	1,15 €/1,13 SFr
1 €	0,87 £
1 SFr	0,88 £

Informationsquellen

Das britische Fremdenverkehrsamt **Visit Britain** und das schottische Fremdenverkehrsamt **Visit Scotland** informieren online.

- www.visitbritain.com
- www.visitscotland.com

Infostellen in der Stadt

- **157** [G5] **Glasgow iCentre/Visit Scotland,** 156a/158 Buchanan St, Tel. 0044 (0)141 5664083, www.visitscotland.com, Mai–Juni Mo.–Sa. 9–18, So. 10–18 Uhr, Juli–Aug. Mo.–Sa. 9–19, So. 10–17 Uhr, Sept.–April Mo.–Sa. 9–17, So. 10–16 Uhr. Das Team hilft bei allen Fragen weiter, reserviert Zimmer, bucht Tickets für den ÖPNV sowie Veranstaltungen. Außerdem gibt es Flyer und Broschüren, Bücher und Karten im Shop.
- In vielen öffentlichen Gebäuden wie Museen und Bibliotheken, z. B. der **Mitchell Library** 14, liegen Infomaterial und Karten aus.

Glasgow im Internet

- **https://peoplemakeglasgow.com:** Umfangreicher Webauftritt des Stadtmarketings. Infos zu Vierteln, Sehenswürdigkeiten und Events sowie Tipps für Unternehmungen.
- **www.glasgowlife.org.uk:** Gute Infoquelle von Glasgow Life zu den Museen, Events, Veranstaltungsorten, Bibliotheken und Kulturzentren der Stadt.
- **www.glasgow.gov.uk:** Offizielles Stadtportal. Infos zum Leben in der Stadt, z. B. zu öffentlichen Toiletten, Parkplätzen, Radwegen etc., mit interaktiven Karten.

088cg-dr

People Make Glasgow: Die Menschen sind es, die Glasgow ausmachen – so sagt es der Stadtslogan. Stimmt!

Glasgow preiswert

Viele Attraktionen Glasgows sind gratis. So kosten die **städtischen Museen** (www.glasgowlife.org.uk/museums) keinen Eintritt. Ebenfalls frei ist der Zutritt zur Kathedrale 16 und Necropolis 19, ins Lighthouse 7, zu den Govan Stones 37 sowie die Führungen durch die City Chambers 2.

Einige Broschüren mit **Stadtspaziergängen, Heritage Walks** und **Kunstrouten** sind als kostenloser Download zu bekommen (s. S. 125).

In vielen Kneipen und Bars spielen **Bands,** ohne einen Cent dafür zu nehmen. Viele Konzerte von Schülern und Studenten des Royal Conservatoire of Scotland (s. S. 85) sind kostenlos oder zu einem günstigen Eintrittspreis zu erleben. Im Sommerhalbjahr laden **Festivals und kulturelle Veranstaltungen** gratis ein (s. S. 94). Ende Mai/Anfang Juni finden die kostenlosen **Degree Shows** der Glasgow School of Art 11 statt.

Meine Literaturtipps

- Connolly, Billy, **Made in Scotland.** Die Comedy-Legende Billy Connolly erzählt von seiner Kindheit und Lehrzeit in den Werften Glasgows. Wunderbarer Einblick in die Mentalität der Glaswegians.
- Gray, Alasdair, **Lanark. A Life in Four Books, The Canons.** Das Buch von 1981 ist ein Meilenstein der modernen schottischen Literatur, an dem Gray 30 Jahre arbeitete. Der Allround-Künstler aus Glasgow mischt Realismus, Fantasy, Dystopie und Science-Fiction, und gestaltet mit eigenen Illustrationen und Typographie seine Bücher als Gesamtkunstwerk.
- Stuart, Douglas, **Shuggie Bain.** Die anrührende Geschichte von Shuggie, der in den 1980er-Jahren in ärmlichen Verhältnissen bei seiner alkoholkranken Mutter aufwächst, wurde 2020 mit dem Booker Prize ausgezeichnet. 2022 ist der Folgetitel „Young Mungo" erschienen. Autor Douglas Stuart stammt aus Glasgow.
- Taylor, Alan, **Glasgow: The Autobiography.** Der schottische Journalist lässt diejenigen die Geschichte Glasgows erzählen, die sie erlebt haben: In chronologischer Reihenfolge kommen in ausgesuchten Quellenausschnitten Kirchenmänner, Kaufleute, Künstler, Hausfrauen und Kriminelle u. v. m. zu Wort. Unterhaltsamer Überblick, der auf große Ereignisse, ebenso wie auf Alltägliches eingeht.
- Welsh, Louise, **The Cutting Room.** Spannender Krimi aus Glasgow, der die dunklen Seiten der Stadt beleuchtet.

- **www.whatsonglasgow.co.uk:** Guter Veranstaltungskalender.
- **www.theskinny.co.uk:** Onlineauftritt des Kulturmagazins „The Skinny". Unter „What's on Glasgow" Tipps für Musik, Kunst, Theater, Comedy, Gastronomie u. v. m.
- **www.glasgowist.com:** Das Onlinemagazin hält einen über alles, was in Glasgow gerade passiert, auf dem Laufenden. Gastroschwerpunkt.
- **www.glasgowlive.co.uk:** News und Berichte zu allen Themen, die Glasgow bewegen, und aus dem sozialen Leben.
- **www.list.co.uk:** Aktuelles, Kritiken und Tipps zum Kulturleben, umfangreicher Veranstaltungskalender, Gastrokritiken.

Publikationen und Medien

Seit 1783 wird in Glasgow die nationale Tageszeitung **„The Herald"** (www.heraldscotland.com) herausgegeben. Nur drei Jahre jünger ist die Schwesterzeitung **„Glasgow Times"** (www.glasgowtimes.co.uk, Mo.–Sa. abends). Kostenfrei in Cafés, Kneipen und an öffentlichen Stellen liegen die Stadtmagazine **„The Skinny"** und **„The List"** aus.

Smartphone-Apps

- **Nextbike:** Über die App kann man das Leihradsystem Ovo Bikes (s. S. 124) nutzen, Stationen und freie Räder einsehen (gratis, Android und iOS).
- **Go Glasgow:** Kartenübersicht über alle Mackintosh-Gebäude (s. S. 107) samt Hintergrund- und praktischen Infos (gratis, Android und iOS)
- **Glasgow Walking:** App des Glasgow City Council mit Stadtspaziergängen und Infos (gratis, iOS)
- **First Bus:** Infos, Reiseplaner und Onlinetickets für das größte Busunternehmen in Glasgow (gratis, Android und iOS).

- **Glasgow Taxis:** Die App zeigt verfügbare Taxis und Taxistände an. Nach der Registrierung kann man Fahrten buchen und bekommt direkt einen Preis angezeigt. Bezahlt wird bar im Taxi oder man hinterlegt in der App seine Kreditkartendaten (gratis, Android und iOS).
- **ScotRail:** Fahrplan für Regionalzüge, Live-Abfrage und Tickets (gratis, Android und iOS)
- **Traveline Scotland:** Der Reiseplaner für alle öffentlichen Verkehrsmittel in ganz Schottland ist auch für Glasgow nützlich, da hier angezeigt wird, welche Betreiber welche Streckenabschnitte bedienen, welche Tickets nötig sind und wie viel sie kosten (gratis, Android und iOS).

Internet

Die meisten Hotels und viele Lokale bieten **kostenloses WLAN** (engl. WiFi), ebenso die Einkaufszentren im Zentrum (s. S. 91). An öffentlichen Plätzen in der Innenstadt kann man unter **„GlasgowCC Wifi"** unbegrenzt surfen.

Auch viele Einrichtungen wie **Museen** und **Bibliotheken** bieten gratis WiFi an. In der Mitchell Library 14 und den Stadtteilbüchereien kann man sich mit eigenen Geräten einwählen oder an den aufgestellten PCs den Webzugang nutzen.

LGBT+

Die **Glasgow Women's Library** (s. S. 66) beherbergt das Lesbian Archive and Information Centre sowie die LGBTQ Collections. Auf die Spuren der LGBT+ Community in Glasgow führt der **Stride with Pride Heritage Trail.**

- https://womenslibrary.org.uk/discover-our-projects/stride-with-pride-lgbtq-heritage-trail

In der Southside gibt es den einzigen rein queeren Buchladen Schottlands: **Category Is Books** (s. S. 87).

Mitte August findet mit **Pride Glasgow** (s. S. 96) das größte CSD-Festival Schottlands statt und Ende September steht die Stadt beim **Scottish Queer International Film Festival** (s. S. 96) im Zeichen des schwul-lesbischen Kinos. Mit dem Filter „LGBT" findet man unter „What's on" auf https://peoplemakeglasgow.com entsprechende Veranstaltungen.

Die meisten Regenbogenfahnen an Bars und Clubs flattern in der Merchant City an der Virginia Street, Miller Street, Glassford Street und John Street.

Das Hotel Revolver (s. S. 127) freut sich über queere Gäste

Alle im Folgenden genannten Adressen heißen alle Geschlechter willkommen.

158 [G5] **Delmonica's,** 68 Virginia St, Tel. 0141 5596594, www.delmonicas.co.uk, Mo.–Do. 12–24, Fr./Sa. 12–24, So. 11–24 Uhr. Die Grande Dame der LGBT-Szene ist mittlerweile seit 30 Jahren am Start.

159 [G5] **The Riding Room,** 58 Virginia St, Tel. 0141 5596592, https://theridingroom.co.uk, tägl. 10–3 Uhr. Scharfe Cocktails, noch schärfere Cabaret- und Burlesque-Shows.

160 [G5] **Polo Lounge,** 84 Wilson St, Tel. 0141 5596593, www.pololoungeglasgow.co.uk, tägl. 10–4 Uhr. Eine Clubinstitution, in der jede Nacht gefeiert wird.

161 [F5] **Waterloo Bar,** 306 Argyle St, Tel. 0141 2487216, https://waterlooglasgow.wixsite.com/home, Mo.–Do. 12–23, Fr./Sa. 12–24, So. 12.30–23 Uhr. Im völlig unprätentiösen Waterloo sind seit mehr als 50 Jahren Alt und Jung, Dick und Dünn, Laut und Leise, Bunt und Grau willkommen.

Medizinische Versorgung

Auch nach dem Brexit können EU-Bürger und Schweizer im Krankheits- bzw. Notfall die medizinischen Leistungen des **National Health Service (NHS)** kostenfrei in Anspruch nehmen. Benötigt wird die **Europäische Krankversicherungskarte (EHIC)** oder ein vergleichbares Dokument, das die eigene Krankenkasse ausstellt. Nicht durch die EHIC abgedeckt sind manche Zahn- und Augenarztleistungen. Der Abschluss einer **privaten Reisekrankenversicherung** ist dennoch empfehlenswert.

Grundlegende medizinische Versorgung leisten **general practitioners** (GPs) (Allgemeinmediziner) und **dentists** (Zahnärzte). Außerhalb der Sprechstunden erreicht man unter Tel. 111 die rund um die Uhr geschaltete **Hotline des National Health Service (NHS),** die Ärzte vermittelt. In-

090cg-dr

formationen und eine Arzt- und Apotheken-Suchmöglichkeit bietet die Website des NHS.

› www.nhsinform.scot, bei generellen Fragen zum NHS-Angebot und für nicht englischsprachige Patienten: Tel. 0800 224488 (Mo.–Fr. 8–18 Uhr)

Krankenhäuser mit Notdienst

In **medizinischen Notfällen** ruft man **Tel. 999** an oder fährt in die Notaufnahme („Accident & Emergency", „A&E", oder „casualty department"). Die medizinische Notfallversorgung ist in Schottland für alle kostenfrei. Für Folgebehandlungen können Kosten entstehen.

⊕162 [J4] **Glasgow Royal Infirmary,** 84 Castle St, Tel. 0141 2114000, www.nhsggc.org.uk

⊕163 **Queen Elizabeth University Hospital,** 1345 Govan Rd, Tel. 0141 2011100, www.nhsggc.org.uk. Hier hat auch das **Royal Hospital for Children** (Tel. 0141 23010000) seinen Sitz, wo Kinder, die jünger als ein Jahr sind, behandelt werden.

› **Zahnarzt:** Die NHS Dental Advice Helpline berät unter Tel. 0141 2014209 oder Tel. 111 (24 Std.) und vermittelt Ärzte. Für Notfälle ist Mo. bis Fr. von 9 bis 17 Uhr auch das Emergency Dental Treatment Centre unter Tel. 0141 2323623 erreichbar.

Apotheken

Nicht verschreibungspflichtige **Medikamente** gibt es in Supermärkten oder bei der Drogeriekette Boots, die auch „Boots Pharmacy" betreibt (www.boots.com).

Schick anzusehen, aber besser nur von außen: die Royal Infirmary

Mit Kindern unterwegs

Das Wissenschaftsmuseum **Glasgow Science Centre** 34 ist ein guter Ort, um sich auszutoben und verschiedene Experimente auszuprobieren. Der Ausblick vom angeschlossenen **Glasgow Tower** begeistert auch kleine Kinder. Alle möglichen Transportmittel locken ins Verkehrsmuseum **Riverside** 36 mit dem am Clyde vertäuten **Tall Ship** 36.

Im **Scotland Street School Museum** 38 mit original ausgestatteten Klassenräumen erfährt man, wie Kinder vor 100 Jahren büffelten, und im Stadtmuseum **People's Palace** 25 staunen Kids über den alten Laden „Buttercup Dairy" und ein *steamie* (Waschhaus).

Insbesondere die Kleinen unter fünf Jahren haben im interaktiven „Mini-Museum" der **Kelvingrove Art Gallery & Museum** 27 Spaß.

Im Museum im **Mackintosh at the Willow** 10 darf Tee gemischt, Kleidung vom Anfang des 20. Jh. probiert und eine Miniversion des berühmten Mackintosh-Stuhls zusammengebaut werden.

In den vielen Parks von Glasgow gibt es natürlich auch **Spielplätze.** Gut ausgestattet sind die „Play Parks" im **Kelvingrove Park** 27, wo zudem ein großer Skater- und Bike-Parcours lockt, und im **Glasgow Green** 24. Im **Pollok Country Park** (s. S. 93) lassen sich wuschlige Highland-Rinder bestaunen.

Die Wände hochgehen kann man im **Glasgow Climbing Centre** (www.glasgowclimbingcentre.com), Kanu- und Kajakfahren bietet **Pinkston Watersports** (https://pinkston.co.uk).

Viele **Restaurants** haben Kinderkarten. Pommes *(chips)* gibt es an jeder Ecke, zudem werden die Kids in italienischen Restaurants und Burgerläden glücklich. Das **Koko House** (s. S. 78) tischt leckere Pancakes auf, mit Eis und Churros versorgt **Loop & Scoop** (s. S. 78). In der **Cup Tea Lounge** (s. S. 77) gibt es auch Afternoon Tea für Kinder und Teenager.

In **Pubs,** die Essen anbieten, sind Kids und Jugendliche zumindest tagsüber willkommen. Ansonsten geben Schilder Auskunft, ob „weans welcome" („Kinder willkommen") sind.

Notfälle

› **Notruf** (Polizei, Notarzt, Feuerwehr, Küstenwache): **Tel. 999**

› **Police Scotland,** www.scotland.police.uk, Tel. 101 (wenn es sich nicht um einen Notfall handelt, 24 Std. besetzt)

164 [F3] **Glasgow City Centre Police Office,** 50 Stewart St, Tel. 101, tägl. 24 Std.

165 [aj] **Govan Police Station,** 923 Helen St, Tel. 101, tägl. 24 Std.

› **British Transport Police,** Tel. 0800 405040, www.btp.police.uk. Sorgt für die Sicherheit in britischen Zügen und in Glasgows Subway.

•**166** [G7] **Lost Property Office,** 194 Jocelyn Sq, Mo.–Fr. 9.30–16.45 Uhr. Verlorenes kann man auch online melden auf www.scotland.police.uk/contact-us/report-lost-property oder in einer Polizeistation. Wer etwas in öffentlichen Verkehrsmitteln verliert, muss sich beim Transportunternehmen erkundigen.

Kartensperrung

Bei **Verlust der Debit-/Giro-, Kredit- oder SIM-Karte** gibt es für Kartensperrungen eine **deutsche Zentralnummer** (unbedingt vor der Reise klären, ob die eigene Bank bzw. der jeweilige Mobilfunkanbieter diesem Notrufsystem angeschlossen ist). **Aber Achtung:** Mit der telefonischen Sperrung sind die Bezahlkarten zwar für die Bezahlung/Geldabhebung mit der PIN gesperrt, nicht jedoch für das **Lastschriftverfahren mit Unterschrift.** Man sollte daher

Die Kinder müssen sich mal richtig austoben? Ab zum Bike- und Skate-Parcours im Kelvingrove Park 27!

091cg-dr

auf jeden Fall den Verlust zusätzlich **bei der Polizei zur Anzeige bringen,** um gegebenenfalls auftretende Ansprüche zurückweisen zu können.

In **Österreich** und der **Schweiz** gibt es keine zentrale Sperrnummer, daher sollten sich Besitzer von in diesen Ländern ausgestellten Debit- oder Kreditkarten vor der Abreise bei ihrem Kreditinstitut über den zuständigen Sperrnotruf informieren.

Generell sollte man sich immer die **wichtigsten Daten** wie Kartennummer und Ausstellungsdatum **separat notieren,** da diese unter Umständen abgefragt werden.

› **Deutscher Sperrnotruf:** Tel. +49 116116 oder Tel. +49 3040504050
› **Weitere Infos:** www.kartensicherheit.de, www.sperr-notruf.de

Öffnungszeiten

› **Shops:** Mo.–Sa. 9/10–17/18 Uhr, So. 10/11–16/17 Uhr
› (große) **Supermärkte, Kioske:** tägl. ca. 6–22/24 Uhr, Alkohol nur bis 22 Uhr
› **Banken:** Mo.–Fr. 9.30–16/17 Uhr, einige auch samstagvormittags

Post

Postämter haben i.d.R. Mo. bis Fr. von 9 bis 17/18 Uhr und am Samstag bis mittags geöffnet, die großen Filialen auch länger. Viele Vertretungen sind in Geschäften und richten sich nach deren Öffnungszeiten. Für Briefe bis zu 20 g und Postkarten zahlt man £ 1,85 Porto. Briefkästen sind knallrot.

✉167 [G4] **Glasgow Post Office,** 136 West Nile St, www.postoffice.co.uk, Mo., Di., Mi., Fr. 9.30–17.30, Do. 9–16.30, Sa. 9–12, 13–16 Uhr

092cg-dr

Radfahren

Im Stadtzentrum herrscht dichter Verkehr, Radwege sind (noch) die Ausnahme. Am Rande der Innenstadt, am Clyde und in den Stadtvierteln sieht das schon anders aus. Sehr schön radeln kann man am Clyde Walkway (s. S. 49), am Kelvin Walkway und am Glasgow Canal sowie im Pollok Park [a/bk]. Unter www.glasgow.gov.uk/cycling bündelt die Stadt Informationen rund ums Rad und stellt unter „I want to/Commute by bike" **Routenvorschläge** durch die Stadt und in die Umgebung als PDF sowie unter „More/Cycling Information Map" eine interaktive Karte mit Leihstationen und Radparkplätzen bereit. Der

Dr Who lässt grüßen: Ob sich hinter dieser alten Polizei-Notrufzelle eine Zeitmaschine verbirgt?

093cg-dr

Radroutenplaner **CycleStreets** (www.cyclestreets.net) kann als Webversion oder als App genutzt werden. Das Leihradsystem **OVO Bikes** (www.nextbike.co.uk/en/glasgow, 20 Min./£ 1) verfügt über mehr als 50 Stationen in der Stadt und verleiht an die 500 Räder und E-Bikes. Nach der Registrierung per Telefon, App oder online kann man die Räder direkt und unkompliziert nutzen.

Sicherheit

Touristen brauchen in Glasgow nichts zu befürchten, dennoch sollte man die üblichen Vorsichtsmaßnahmen beachten, z. B. nachts nicht allein durch dunkle Parks laufen, in Clubs den Drink im Auge behalten, nur Geldautomaten in belebten und beleuchteten Hauptstraßen nutzen und in Menschenmengen und öffentlichen Verkehrsmitteln auf seine Tasche bzw. das Portemonnaie achten.

Im Zentrum wird v. a. am Wochenende ausgelassen gefeiert – manchmal kann es dabei etwas rauer zugehen. Generell ist zu empfehlen, spätnachts lieber ein Taxi als die Nachtbusse zu nehmen. Das Tragen von Waffen wie Messer oder Pfefferspray ist verboten.

Sprache

In Schottland wird heute v. a. **Englisch** (s. Sprachhilfe auf S. 134) gesprochen und auch wenn sie sich erst ein wenig in den schottischen Akzent reinhören müssen, kommen deutschsprachige Besucher meist gut klar. In den großen Städten wird man im Alltag kaum eine der alten Sprachen Schottlands (Gälisch und Scots) hören, aber aus beiden sind viele Ausdrücke und Worte sowohl ins schottische Englisch als auch in den **Glaswegian Dialect** gewandert. Mit Deutsch kommt man nicht unbedingt weit, aber mit dem normalen Schulenglisch kann man sich aufgrund der Freundlichkeit der Menschen immer verständigen.

⊡ *Mit den Leihrädern von OVO Bikes kommt man bequem durch die Stadt*

Stadttouren

Stadtrundfahrten

- **City Sightseeing Glasgow,** https://citysightseeingglasgow.co.uk, Tel. 0141 2040444, Ende April–Ende Sept. tägl. 9.30–19 Uhr alle 15 Min., Okt.–April tägl. 9.30–16.30 Uhr, 1 Tag Erw. 16 £, Kinder 9 £, 2 Tage je 1 £ mehr. In rund 1½ Std. geht es durchs Zentrum, ins East End, an den Clyde und ins West End. An 21 Stopps kann man aus- und wieder zusteigen. Mit Livekommentar (Audiokommentar auch auf Deutsch).
- **Glasgow Taxi Guided Tours,** www.glasgowtaxis.co.uk/passenger-services/guided-tours, ab 45 £/Std. für bis zu 5 Personen. Die *cabbies* kennen ihre Stadt nicht nur am besten, sie haben auch den besten *banter,* sprich: die spannendsten Anekdoten zu erzählen. Innenstadttour, erweiterte Plus-Tour und Themenangebote.

Zu Fuß

- **Glasgow Walking Tours,** www.walkingtoursin.com/glasgow. In 2½ bis 3 Stunden geht es bei der City Centre Tour (tgl. 10.30 Uhr, 12 £) ab dem George Square 1 sehr unterhaltsam in großer Runde durch die Stadt, zur Kathedrale und runter an den Clyde. Außerdem: Street Art Tour (tägl. 14 Uhr, 12 £) und Mackintosh Tour (im Sommer Sa. 18 £).
- **Glasgow Music Tours,** https://glasgowmusiccitytours.com, Ende April–Ende Okt. Sa., ab 18 £/2 Std. Hier dreht sich alles um berühmte Bühnen der UNESCO City of Music. Musikjournalistin Fiona Shepherd und ihr Team versorgen in drei verschiedenen Touren mit Hintergrundinfos, hier und da bekommt man Einblick hinter die Kulissen, beispielsweise im King Tut's Wah Wah Hut.
- **www.watchmesee.com,** 100 £/3 Std. Die gebürtige Österreicherin Kathi Kamleitner führt auch auf Deutsch durch ihre Wahlheimat – ganz nach den persönlichen Vorstellungen ihrer Kunden und auch als „vegan food tour".
- Der Glasgow City Council bietet auf seiner Website PDFs mit Stadtspaziergängen **(Heritage Trails)** in englischer Sprache zum Download an, die man auf eigene Faust ablaufen kann: www.glasgow.gov.uk/heritagetrails. Ebenfalls kostenfrei ist der Download der Broschüren zu den **Heritage Walks** der Glasgow Women's Library (s. S. 66), die das historische Wirken von Frauen in Glasgow beleuchten. Sie enthalten die Wegbeschreibung und Infos zu einzelnen Stationen. Zudem gibt es im Internet frei zugängliche Karten mehrerer **Kunstspaziergänge** unter freiem Himmel, z. B. den Mural Trail (s. S. 26) und den Contemporary Art Trail (s. S. 67).

094cg-dr

› *Die Busse von City Sightseeing Glasgow fahren „oben ohne"*

MEIN TIPP

Umweltfreundlich die Stadt erkunden

Keith ist in Glasgow aufgewachsen und seit er denken kann mit dem Rad unterwegs. Er und sein Team kennen die besten Wege durch die Stadt. Auf den **Glasgow Bike Tours** radelt man in drei Stunden zu Attraktionen und versteckten Perlen der Clyde-Metropole. An den Stopps wird Historisches, Interessantes und Ausgefallenes über Glasgow und seine Bewohner erzählt.

› **Glasgow Bike Tour,** https://glasgowbiketours.co.uk, Tel. 07786 683445, ab 39 £, auch Tagestouren, individuelle Führungen und Kombis mit Brauereiführung, Bier- oder Whiskyverkostung

Telefonieren

Die Glasgower **Ortsvorwahl 0141** muss nicht mitgewählt werden, wenn man im Stadtgebiet vom Festnetz aus telefoniert. Ruft man vom Ausland aus an, wählt man die **0044 für Großbritannien** und lässt die 0 der Ortsvorwahl weg. Von Glasgow aus wählt man für Gespräche nach **Deutschland** die 0049, nach **Österreich** die 0043 und in die **Schweiz** die 0041 vor.

Roaminggebühren für Handys (auf Englisch *mobile phones*) wurden innerhalb der EU abgeschafft und auch nach dem Brexit erheben die meisten Provider keine, aber man erkundigt sich besser vor der Reise. Alternativ holt man sich eine britische „Pay as you go“-SIM-Karte fürs eigene Gerät. Pakete inklusive nationalen Gesprächen, SMS und Datenmengen kosten um die 20 £. Allerdings bekommt man dann eine neue britische Rufnummer, es sei denn man verfügt über ein Dual-SIM-Handy.

Uhrzeit

In Großbritannien gilt die **Greenwich Mean Time (GMT)**, Deutsche, Österreicher und Schweizer müssen ihre **Uhren eine Stunde zurückstellen.** Die GMT passt sich wie die mitteleuropäische Zeit der Winter- und Sommerzeit an, von Ende März bis Ende Oktober gilt British Summer Time (BST).

Die Briten nutzen das **12-Stunden-System:** Der Tag wird in zweimal zwölf Stunden eingeteilt und die Uhrzeit mit a.m. und p.m. angegeben. Von 0:01 bis 12 Uhr steht hinter der Uhrzeit a.m., von 12.01 bis 24 Uhr gilt p.m. Die Mittagsstunde ist 12 a.m., Mitternacht 12 p.m.

Unterkunft

Glasgows Hotellerie boomt: Von Luxus- und Boutiquehotels über guten Mittelklassestandard und persönliche B&Bs bis hin zu Budgethotels herrscht kein Mangel. Weitere Hotels sind bereits im Bau.

Die meisten Häuser und Ketten im oder nahe des Stadtzentrums bieten ein gutes Preis-Leistungs-Verhältnis, v.a. angesichts ihrer Lage. Allerdings haben die Preise seit Corona einen ordentlichen Sprung getan, zudem werden sie i.d.R. der Nachfrage angepasst und schwanken daher stark. An den Wochenenden, im Juli und August sowie an Weihnachten und um den Jahreswechsel ist es am teuersten, ebenso bei Events und großen Konzerten. **Schnäppchen** ergattert man bei Hotels der mittleren und oberen Preisklasse oft auf deren Websites unter *offers and packages* oder *deals.* Am unteren Ende der Budgetskala liegen **Hostels,** im Sommer während der Semesterferien auch **Studentenzimmer** in Wohnheimen (Infos bei den Universitäten/Colleges).

Die meisten **Hotels** finden sich in oder nahe der Innenstadt, aber auch das West End hat eine gute Auswahl an kleineren Mittelklasse- und Boutiquehotels sowie B&Bs. Letzere finden sich generell eher in den äußeren Stadtbezirken und kaum im Zentrum, in dem es v. a. am Wochenende feierlustig und entsprechend laut zugeht.

Hotels

168 [C1] **Argyll Western Hotel** £-££, 6 Buckingham Terrace, Tel. 0141 3392339, www.argyllwestern.co.uk. **Familiengeführt:** Jedes der 17 Zimmer ist mit einem anderen Tartan-Muster (Schottenkaro) gestaltet und auch sonst bemüht sich das Hotel um eine persönliche Note.

169 [C4] **Boutique 50** ££-£££, 50 Bentinck St, Tel. 0141 3386666, www.boutique50.co.uk. **Gediegener Luxus:** Einen Steinwurf vom Kelvingrove Park entfernt befindet sich dieses Boutiquehotel. Zehn modern ausgestattete Zimmer in einem viktorianischen Haus, u. a. mit Smart TV, freistehender Badewanne und Plattenspieler.

170 [F4] **Citizen M Glasgow** £-££, 60 Renfrew St, Tel. 02035191111, www.citizenm.com. **Hip:** In den 14-m²-Zimmern nimmt das XL-Bett den meisten Platz ein. Viele Technikspielereien und iMacs in der Lobby.

171 [E5] **ibis Styles Glasgow Central** ££, 116 Waterloo St, Tel. 0141 4284477, www.accorhotels.com. **Hier spielt die Musik:** Das 2018 eröffnete Budget-Design-Hotel huldigt der Musikszene Glasgows mit Vinylplatten an der Wand, Jukebox in der Lobby und Livemusik plus DJ-Sets (Sa./So.).

172 [F6] **Motel One Glasgow** £, 78–82 Oswald St, Tel. 0141 4680450, www.motel-one.com. **Viel Design zum kleinen Preis:** Dem viktorianischen Chic der gegenüberliegenden Central Station setzt das Hotel legeres Industriedesign entgegen. Die Bilder des schottischen Künstlerduos Dalziel + Scullion greifen das Thema „Zugreise" mit Motiven der Highlands auf: Tartan-Muster, Berge und Schafe waren noch nie so unkitschig. Für einen atemberaubenden Blick über das Glasdach des Hauptbahnhofs und den brausenden Verkehr im Zentrum bucht man am besten ein Zimmer im zwölften Stock – besser als Kino.

173 [G5] **Revolver** £-££, 62 Virginia St, Tel. 0141 2605001, www.revolverhotel.co.uk. **Für Millenials:** Hypermodernes, LGBT-freundliches Hotel in der Merchant City. Vom Bett im Schlafsaal im Stil japanischer Kapselhotels über stylishe Doppelzimmer bis hin zu *serviced apartments* ist alles geboten. Fitnessraum, Dachterrasse und mehr.

174 [G5] **The Brunswick** £, 108 Brunswick St, Tel. 0141 5520001, www.brunswickhotel.co.uk. **Bunt:** Das LGBT-freundliche Hotel liegt in der Merchant City. Die teils sehr kompakten Zimmer bieten angenehmen Komfort. Im Haus ist die angesagte Bar „The Amsterdam". Tolle Schnäppchen auf der Website.

175 [C4] **The Kelvingrove Hotel** £-££, 944 Sauchiehall St, Tel. 0141 3395011, https://kelvingrove-hotel.co.uk. **Für Foodies:** Das Hotel logiert in

Preiskategorien

Die hier angegebenen Kategorien sind Tendenzen und beziehen sich auf den Preis für ein Doppelzimmer pro Nacht. Nicht immer ist ein Frühstück inkl. Alle Unterkünfte inkl. WLAN.

£	bis 90 £
££	90–140 £
£££	ab 140 £

095cg-dr

Buchungsportale
Neben Buchungsportalen für **Hotels** (z. B. www.booking.com, www.hrs.de oder www.trivago.de) bzw. für **Hostels** (z. B. www.hostelworld.com) gibt es auch Anbieter, bei denen man **Privatunterkünfte** buchen kann. Portale wie www.airbnb.de, www.wimdu.de oder www.9flats.com vermitteln Wohnungen, Zimmer oder auch nur einen Schlafplatz auf einer Couch. Diese oft recht günstigen Übernachtungsmöglichkeiten sind nicht unumstritten, weil manchmal normale Wohnungen gewerblich missbraucht werden. Einige Städte greifen deshalb regulierend ein.

einer Reihe schöner klassischer Tenements wenige Meter vom Finnieston Strip (s. S. 42). Angenehm und funktional, mit Familien- und Gruppenzimmern für bis zu vier Personen.

176 [F5] **voco Grand Central Glasgow** £££, 99 Gordon St, Tel. 0141 2213388, https://grandcentral.vocohotels.com. **Legendär:** Das denkmalgeschützte Haus von 1883 strahlt mit Marmorböden, Lüstern, der eleganten Kuppel in der Champagne Central Bar (Empfehlung! Auch für Nichtgäste geöffnet.) und der großen Treppe den Glanz des Empire aus.

Guest Houses und B&Bs

177 [H6] **Babbity Bowster** ££, 16–18 Blackfriars St, Tel. 0141 5525055, http://babbitybowster.com. **Super Lage:** Das Haus aus dem 18. Jh. in der Merchant City beherbergt einen geschmackvollen Pub mit historischem Flair. Die nur fünf Zimmer sind schlicht, verfügen aber über alles, was man braucht.

178 [ck] **Crosshill Hotel** £, 46/48, Queen Mary Avenue, Tel. 0141 3905358, crosshillhotel@gmail.com. **Grüner Wohnen:** Nur einen Steinwurf vom Queen's Park entfernt liegt dieses B&B im Herzen der Southside. Der hippe Stadtteil Strathbungo mit Cafés und Restaurants ist fußläufig erreichbar. Parkplatz.

179 [eh] **Seton Guest House** £-££, 6 Seton Terrace, Tel. 0141 5564377, https://setonguesthouse.co.uk. **Adrett und ruhig:** Im angesagten Dennistoun bietet das familiengeführte B&B eine gepflegte Oase. In die Stadt sind es rund 1,5 km, einige gute Restaurants sind in der Nähe. Auf Wunsch Full Scottish Breakfast.

Hostels

180 [F6] **Euro Hostel** £, 318 Clyde St, Tel. 08455 399956, www.eurohostels.co.uk/glasgow. **Mittendrin:** Je höher die Etage, desto besser der Blick aus dem direkt am Clyde gelegenen Hostel. Einzelzimmer, Schlafsäle (auch nur für Frauen) und Suites für Familien oder Gruppen bis zu 20 Personen. Barrierefrei, Küche, Bar, Waschsalon.

181 [C3] **Glasgow Youth Hostel** £, 7/8 Park Terrace, Tel. 0141 3323004, www.hostellingscotland.org.uk/hostels/glasgow. **Schöner Wohnen:** Dieses Hostel residiert in einem viktorianischen Stadthaus im Park District oberhalb des Kelvingrove Park. Schlafsäle mit abschließbaren Spinden, Einzel- und Doppelzimmer sowie Familienapartments. 24-Std.-Rezeption, Waschsalon und sicherer Radabstellplatz. Hunde sind willkommen.

Ausgefallen

182 [J5] **Cathedral House** ££, 28–32 Cathedral Sq, Tel. 0141 5523519, https://cathedralhouseglasgow.com. **Historisch:** Das 1877 gebaute Haus im Scottish-Baronial-Stil hat nicht nur Flair, man guckt auch direkt auf die Kathedrale und die Necropolis. Nur acht Zimmer, eingeschränkt barrierefrei.

183 [E4] **Malmaison** ££-£££, 278 West George St, Tel. 0141 3780384, www.malmaison.com/locations/glasgow. **Halleluja!** In eine ehemals griechisch-orthodoxe Kirche ist ein stylishes Boutiquehotel eingezogen. Auf die Rezeption schreitet man wie auf einen Altar zu, in den Zimmern wird dem Komfortgott gehuldigt und in der ehemaligen Krypta werden in der hauseigenen „Chez Mal Brasserie" leckere schottisch-französisch inspirierte Gerichte und Cocktails zum Abendmahl gereicht. Sehr gutes Frühstück, Spitzenbar und moderner Afternoon Tea mit Miniburgern, Smoothies und Sundaes.

Direkt neben Glasgow Central steigt man komfortabel im Motel One Glasgow ab *(s. S. 127)*

184 [F4] **Piper's Tryst Hotel** ££, 30–34 McPhater St, Tel. 0141 353551, www.thepipingcentre.co.uk. **Für die schönen Künste:** Das Hotel gehört zum National Piping Centre 9 und jeder Cent, den man hier ausgibt, fließt ins Museum und den Dudelsackunterricht. Die acht Zimmer sind mit eigenem Tartan-Muster (Schottenkaro) gestaltet, im Bad steht Kosmetik von schottischen Herstellern. Das Restaurant tischt frische, mit regionalen Zutaten zubereitete schottische Küche auf.

Verkehrsmittel

In Glasgow verkehren Regionalzüge, Busse und die Subway. Aufgrund einer Vielzahl an Anbietern mit eigenen Preisen und Linien ist das Angebot für Besucher nicht so leicht zu durchschauen. Einen Stadttarif gibt es nicht und es kann vorkommen, dass man für eine Fahrt auf mehrere Unternehmen und Tickets zurückgreifen muss.

Den besten Überblick über den Verkehr in ganz Schottland bietet **Traveline Scotland.** Die Verbindungssuche auf der Website und per App kann man auch wunderbar für Glasgow nutzen und bekommt für die gewünschte Strecke die jeweiligen Anbieter, Zeiten, Tickettypen wie auch Preise ausgespuckt.

› www.travelinescotland.com

Subway

Die **Strathclyde Partnership for Transport (SPT)** betreibt die Glasgower Subway. Zwei Linien mit je 15 Stationen verlaufen ringförmig als **Outer Circle** im Uhrzeigersinn und als **Inner Circle** entgegen dem Uhrzeigersinn durch die östliche und nördliche

Innenstadt, das West End und den Norden der Southside. **Tickets** gibt es in den Stationen am Schalter und am Automaten. Sie müssen an den Schranken vor Betreten und Verlassen der Gleise entwertet werden. Die Subway fährt Mo. bis Sa. von 6.30 bis 23.40 und So. von 10 bis 18 Uhr.

› **www.spt.co.uk,** Erw. 1,75 £ einfach, 3,30 £ hin und zurück, Kinder 80 Pennies bzw. 1,55 £, Tagesticket Erw. 4,20 £, Kinder 2,10 £. Mit einer Smartcard für einmalig 3 £ Gebühr (am Schalter erhältlich), die man mit Guthaben bestücken kann, kostet das Einzelticket für Erwachsene 1,55 £, das Tagesticket 3 £.
› Das **Roundabout Ticket** ist ein Tagesticket, mit dem man die Subway und ScotRail-Bahnen in der Region „Greater Glasgow" nutzen kann: Mo.–Fr. ab 9 Uhr, Sa./So., Feiertage, Erw. 7,40 £, Kind bis 16 J. 3,70 £, erhältlich bei ScotRail (www.scotrail.co.uk).

096cg-dr

Bahn

Vorort- und Regionalzüge werden von **ScotRail** (www.scotrail.co.uk) bedient, Informationsstellen finden sich an den Bahnhöfen **Central Station** 8 und **Queen Street Station** [G5], auch an Stationen mit Personal bekommt man Auskunft. Mit den Zügen kann man größere Strecken durch die Stadt wesentlich schneller als per Bus zurücklegen, aber auch nach Edinburgh (ca. 45 Min.), an den Loch Lomond (ca. 45 Min.) oder in die Umgebung fahren.

Bei den Tickets wird zwischen **„Anytime Day Single"** (ab 1,30 £) für eine zeitlich frei wählbare einzelne Fahrt, **„Anytime Day Return"** (ab 2,10 £) für eine Hin- und Rückfahrt am auf dem Ticket angegebenen Datum und **„Off Peak"-Tickets** (ab 1,10 £) unterschieden. Letztere gelten außerhalb der Stoßzeiten. Am günstigsten ist es, Hin- und Rückfahrt zusammen zu kaufen. Erhältlich sind Tickets am Schalter, am Automaten und online. Sie müssen an größeren Bahnhöfen an den Schranken vor Betreten und Verlassen der Gleise entwertet werden, und/oder werden im Zug kontrolliert.

Für Fahrten in die Region kommen auch vergünstigte **„Advanced"-Tickets** (bis zu 3 Monate zuvor) und die **„PlusBus"-Option** für Busfahrten am Start- und Zielort infrage (www.plusbus.info).

◁ *Keine Sorge, die Busse in Glasgow sind inzwischen mindestens so modern wie der 2022 sanierte Bahnhof Queen Street Station*

▷ *Was darf's sein – Taxi oder Bus?*

Bus

An Busstopps gibt man ein **Handzeichen**, um zu signalisieren, dass man zusteigen möchte.

Mehrere Anbieter teilen sich das städtische Busnetz, wobei das weitaus größte Unternehmen **First Bus** (www.firstbus.co.uk/greater-glasgow) die meisten Linien und Nachtbusse betreibt. Eine **Kurzstreckenfahrt** (5 Stopps) kostet 1,80 £, ein **einfaches Ticket** 2,65 £ (Kinder ab 5 Jahre 1 £), ein **Tagesticket** (FirstDay) 5 £ bzw. für Kinder 2,10 £, das **Familien-Tagesticket** (Family FirstDay) für zwei Erw. und zwei Kinder 9 £. Nachtbusfahrten kosten 2,65 £. Die Tagestickets gelten bis 1 Uhr des Folgetages, ebenso das **Wochenticket** (FirstWeek, 18,70 £/9 £). Fahrten mit dem Glasgow Airport Express 500 (s. S. 112) müssen separat gezahlt werden.

Erhältlich sind Tickets über die First-Bus-App (günstiger!), online oder im Bus. Dort kann man (passend) bar bezahlen oder per **Debit- und Kreditkarte** (allerdings nur kontaktlos), **Apple Pay** und **Google Pay.** Dafür wurde das „Tap-on, Tap-off"-System (TOTO) eingeführt: Man hält beim Fahrer am Einstieg die Karte oder das Apple/Google-Pay-Device ans Lesegerät und nachher, wenn man den Bus verlässt, noch mal ans schwarze Lesegerät am Ausstieg. Beide Male muss ein „Beep" ertönen. Das System berechnet anhand der gefahrenen Strecke den Ticketpreis automatisch. Macht man mehrere Fahrten am Tag, wird so nie mehr als für ein Tagesticket fällig.

Weitere Busanbieter, die in Glasgow aktiv sind, aber ein kleineres Netz bedienen, sind **McGill's** (www.mcgillsbuses.co.uk), **SPT** und **Stagecoach** (www.stagecoachbus.com).

097cg-dr

Die Preise dieser Unternehmen sind ähnlich.

Überregionale Verbindungen bieten Stagecoach und Scottish Citylink (www.citylink.co.uk) an, Informationen hat das Reisezentrum im Busbahnhof.

•185 [G4] **Buchanan Bus Station,** Killermont St, G23NW, www.spt.co.uk/bus/bus-stations/buchanan-bus-station

Taxi

Die schwarzen oder auch bunten *cabs* von **Glasgow Taxis** sind rund um die Uhr im Einsatz und können per Telefon, App und online bestellt werden – oder man winkt sie am Straßenrand heran. Auf der Website kann man einen Streckenkalkulator *(route calculator)* nutzen, generell zahlt man für Fahrten innerhalb des Zentrums oder z. B. vom West End in die Merchant City nur rund 10 £. Taxistände gibt es z. B. vor der Central Station 8 und am George Square (1). Zu Stoßzeiten und abends am Wochenende muss man oft warten.

Auch der Fahrdienst **Uber** (www.uber.com) ist in Glasgow aktiv.

› **Glasgow Taxis,** www.glasgowtaxis.co.uk, Tel. 0141 4297070

Wetter und Reisezeit

Glasgow liegt wenige Kilometer vom Meeresarm Firth of Clyde und dem Atlantik entfernt. Die über das Meer von Westen und Norden anrollenden Wetterfronten sorgen für recht **wechselhaftes Wetter,** das gemäßigte Seeklima wiederum für relativ **milde Temperaturen.** Ihren Spitznamen **„rain town"** trägt die Stadt nicht von ungefähr, eine leichte Regenjacke und ein Regenschirm gehören ins Gepäck. Zwischen Oktober und Januar regnet es am meisten, eher selten fällt Schnee. Als wärmster Monat gilt der Juli, doch es kann schon früher im Jahr um die 20 °C oder wärmer sein.

Generell gelten das **Frühjahr** (März bis Juni) und der **Herbst** (Sept./Okt.) als milde und oft sonnige, wenn auch wechselhafte Reisemonate, in denen viel geboten wird, die Stadt aber nicht zu voll ist. Insbesondere im **Frühling** ist die Rhododendronblüte schön. Am beständigsten und wärmsten ist es von **Juni bis August**, dann zeigt sich die Sonne am häufigsten (Sonnencreme einpacken!). Während dieser Monate ist es auch sehr lange hell, allerdings ist dies zugleich die Hauptreisezeit und man sollte sich frühzeitig um Unterkünfte bemühen, auch weil dann Festivalzeit ist. Im **November und Dezember** ist es feucht und kühl.

Die **beste Reisezeit** ist von Mai bis Oktober.

Wetter in Glasgow

Durchschnitt	Jan	Febr	März	Apr	Mai	Juni	Juli	Aug	Sept	Okt	Nov	Dez
Maximale Temperatur	6°	7°	9°	12°	15°	18°	19°	19°	16°	12°	9°	6°
Minimale Temperatur	1°	1°	2°	4°	7°	9°	11°	11°	9°	6°	3°	1°
Regentage	17	14	16	13	12	12	13	14	14	17	16	15

1953 unternahm die „Maid of the Loch" ihre erste Fahrt auf dem Loch Lomond. Ehrenamtliche restaurieren derzeit den Dampfer, damit er wieder aufs Wasser kann (s. S. 59).

ANHANG

099cg-dr

Kleine Sprachhilfe

Die folgenden Wörter und Redewendungen wurden dem Reisesprachführer „Englisch – Wort für Wort“ (Kauderwelsch-Band 64) aus dem Reise Know-How Verlag entnommen.

Häufig gebrauchte Wörter und Redewendungen

Zahlen

1	(wann)	*one*
2	(tuh)	*two*
3	(ðrih)	*three*
4	(fohr)	*four*
5	(feiw)	*five*
6	(ßikß)	*six*
7	(ßäwèn)	*seven*
8	(äit)	*eight*
9	(nein)	*nine*
10	(tänn)	*ten*
11	(ihläwèn)	*eleven*
12	(twälw)	*twelve*
13	(ðörtihn)	*thirteen*
14	(fohrtihn)	*fourteen*
15	(fifftihn)	*fifteen*
16	(ßikßtihn)	*sixteen*
17	(ßäwèntihn)	*seventeen*
18	(äitihn)	*eighteen*
19	(neintihn)	*nineteen*
20	(twänntih)	*twenty*
30	(ðörtih)	*thirty*
40	(fohrtih)	*forty*
50	(fifftih)	*fifty*
60	(ßikßtih)	*sixty*
70	(ßäwèntih)	*seventy*
80	(äitih)	*eighty*
90	(neintih)	*ninety*
100	(hanndrid)	*hundred*

Die wichtigsten Zeitangaben

yesterday	(jäßtèrdäi)	gestern
today	(tuhdäi)	heute
tomorrow	(tuhmohrrou)	morgen
last week	(lahßt wihk)	letzte Woche
in the morning	(in ðè mohrning)	morgens
in the afternoon	(in ðih_ ahftèrnuhn)	nachmittags
in the evening	(in ðih_ ihwèning)	abends
Sunday	(ßanndäi)	Sonntag
Monday	(manndäi)	Montag
Tuesday	(tjuhsdäi)	Dienstag
Wednesday	(wännsdäi)	Mittwoch
Thursday	(ðörsdäi)	Donnerstag
Friday	(freidäi)	Freitag
Saturday	(ßättèrdäi)	Samstag

Die wichtigsten Fragewörter

who?	(huh)	wer?
what?	(wott)	was?
where?	(wäèr)	wo?/wohin?
why?	(wei)	warum?
how?	(hau)	wie?
how much?	(hau matsch)	wie viel? (Menge)
how many?	(hau männih)	wie viele? (Anzahl)
when?	(wänn)	wann?
how long?	(hau long)	wie lange?

Die wichtigsten Richtungsangaben

on the right	(on ðè reit)	rechts
on the left	(on ðè läfft)	links
to the right	(tuh ðè reit)	nach rechts
to the left	(tuh ðè läfft)	nach links
turn right/ left	(törn reit/ läfft)	rechts/links abbiegen
straight on	(ßträjt on)	geradeaus
in front of	(in front_off)	gegenüber
outside	(autseid)	außerhalb
inside	(inseid)	innerhalb
here	(hi-èr)	hier
there	(ðäèr)	dort
up there	(ap ðäèr)	da oben
down there	(daun ðäèr)	da unten
nearby	(nihrbei)	nah, in der Nähe
far away	(fahr èwäi)	weit weg
around the corner	(raund ðè kohrnèr)	um die Ecke

+++ Die wichtigsten Wörter mit dem Bonus-Audiotrack des Kauderwelsch-

Die wichtigsten Floskeln und Redewendungen

yes	(jäß)	ja
no	(nou)	nein
thank you	(ðänk_juh)	danke
please	(plihs)	bitte
Good morning!	(gudd mohrning)	Guten Morgen!
Good evening!	(gudd ihwèning)	Guten Abend!
Hello! / Hi!	(hällou/hei)	Hallo!
How are you?	(hau ah juh)	Wie geht es Ihnen/dir?
Fine, thank you.	(fein ðänk_juh)	Danke, gut.
Goodbye!	(guddbei)	Auf Wiedersehen!
Have a good day!	(häw_è gudd däi)	Einen schönen Tag!
I don't know.	(ei dount nou)	Ich weiß nicht.
Cheers	(tschiers)	Prost!
The bill, please!	(ðè bill plihs)	Die Rechnung, bitte!
Congratulations!	(kongrätuläischènß)	Glückwunsch!
Excuse me!	(ikßkjuhs mih)	Entschuldigung!
I'm sorry.	(eim ßorrih)	Tut mir leid!
It doesn't matter.	(itt dahsnt mättèr)	Das macht nichts.
What a pity!	(wott_è pittih)	Wie schade!

Die wichtigsten Fragen

Is there a/an ... ?	(is ðäèr è/ènn ...)	Gibt es ...?
Do you have ... ?	(duh juh häw ...)	Haben Sie ...?
Where is/are ... ?	(wäèr is/ah ...)	Wo ist/sind ... ?
Where can I ... ?	(wäèr kähn_ei)	Wo kann ich ... ?
How much is it?	(hau matsch is_itt)	Wie viel kostet das?
What time?	(wott teim)	Um wie viel Uhr?
Can you help me?	(kähn juh hällp mih)	Können Sie mir helfen?
Is there a bus to ... ?	(is ðäèr è_baß tuh ...)	Gibt es einen Bus nach ...?
How are you?	(hau ah juh)	Wie geht es dir/Ihnen?
What's your name?	(wotts juhr näim)	Wie heißt du/heißen Sie?
How old are you?	(hau ould ah juh)	Wie alt bist du/sind Sie?
Where do you come from?	(wär duh juh kamm fromm)	Woher kommen Sie?
Excuse me?	(ikßkjuhs mih)	Wie bitte?

Nichts verstanden? – Weiterlernen!

I don't speak English.	(ei dount spihk in-glisch)	Ich spreche kein Englisch.
Pardon?	(pahdèn?)	Wie bitte?
I don't understand.	(ei dount andèrständ)	Ich habe nicht verstanden.
Do you speak German?	(duh juh spihk dschörmèn?)	Sprechen Sie Deutsch?
How do you say that in English?	(hau duh juh säi ðät in in-glisch?)	Wie heißt das auf Englisch?
What does it mean?	(wott dahs_itt mihn?)	Was bedeutet das?

Register

Impressum

Doreen Reeck

CityTrip Glasgow

1. Auflage 2023

ISBN 978-3-8317-3348-4

Printed in Germany

Druck und Bindung: mediaprint solutions GmbH, Paderborn

Herausgeber: Klaus Werner
Layout: amundo media GmbH (Umschlag, Inhalt), Peter Rump (Umschlag)
Lektorat: amundo media GmbH
Karten: Ingenieurbüro K. Wendler, amundo media GmbH
Anzeigenvertrieb: KV Kommunalverlag GmbH & Co. KG, Alte Landstraße 23, 85521 Ottobrunn, Tel. 089 928096-0, info@kommunal-verlag.de
Kontakt: Osnabrücker Str. 79, 33649 Bielefeld, info@reise-know-how.de

Alle Angaben in diesem Buch sind gewissenhaft geprüft. Preise, Öffnungszeiten usw. können sich jedoch schnell ändern. Für eventuelle Fehler übernehmen Verlag wie Autorin keine Haftung.

Bildnachweis

Umschlagvorderseite, Umschlagrückseite und Umschlagklappe rechts: Doreen Reeck
Soweit ihre Namen nicht vollständig am Bild vermerkt sind, stehen die Kürzel an den Abbildungen für die folgenden Fotografen, Firmen und Einrichtungen. Doreen Reeck: dr | Meike Wanning: mw
Fotos S. 30 (The Tenement House), 56 (Pollok House), 61 (The Hill House) mit freundlicher Genehmigung des National Trust for Scotland

Liste der Karteneinträge

31 [B1] Old Salty's S. 72
32 [C2] Stravaigin S. 73
33 [B4] The Butchershop Bar & Grill S. 73
34 [C4] The Gannet S. 73
35 [B2] Ubiquitous Chip S. 73
36 [B4] Dockyard Social S. 73
37 [F6] Platform at Argyle Street Arches S. 73
38 [A6] The Big Feed S. 73
39 [H5] Picnic S. 74
40 [F5] Stereo S. 74
41 [B4] The 78 S. 74
42 [F6] The Glasvegan S. 74
43 [D2] The Hug and Pint S. 74
44 [F5] Babs S. 74
45 [F5] Bread Meats Bread S. 74
46 [G6] Café Cossachok S. 74
47 [A2] Chaakoo Bombay Café S. 75
48 [C2] Eusebi Deli S. 75
49 [B2] Hanoi Bike Shop S. 75
50 [ck] Julie's Kopitiam S. 75
51 [C4] Mother India S. 75
52 [F5] Nippon Kitchen S. 76
53 [G5] Paesano S. 76
54 [A2] Absolute Roasters S. 76
55 [ck] Café Strange Brew S. 76
56 [C2] Cottonrake S. 76
57 [eh] Mesa S. 76
58 [B1] Morning Glory S. 77
59 [F5] piece S. 77
60 [G5] Singl-end Merchant City S. 77
61 [C4] The Steamie S. 77
62 [F4] Cup Tea Lounge S. 77
63 [C4] Hidden Lane Tearoom S. 77
64 [B2] Koko House S. 78
65 [B1] Loop & Scoop S. 78
66 [F5] Tantrum Doughnuts S. 78
•67 [G4] Tickets Glasgow – Royal Concert Hall Box Office S. 80
•68 [F6] Tickets Scotland S. 80
69 [H6] Blackfriar's S. 80
70 [G6] Scotia Bar S. 80
71 [G6] Sloan's S. 80
72 [C4] The Ben Nevis S. 80
73 [D4] The Bon Accord S. 80
74 [B4] The Islay Inn S. 80
75 [B4] The Park Bar S. 81
76 [F5] The Pot Still S. 81
77 [B2] Brel S. 81
78 [A2] Cottiers S. 81
79 [C2] Inn Deep S. 81
80 [C5] Red Sky Bar S. 81
81 [G5] Windows Restaurant S. 81
82 [B2] Innis & Gunn Beer Kitchen S. 81
83 [F5] Shilling Brewing Co S. 81
84 [B1] Hillhead Bookclub S. 82
85 [C4] Kelvingrove Café S. 82
86 [C4] Lebowskis S. 82
87 [E4] Slouch Bar S. 82
88 [cj] The Bungo,17– S. 82
89 [G5] The Corinthian Club S. 82
90 [C4] The Dirty Duchess S. 82
91 [E4] Tiki Bar S. 83
92 [E4] Blue Arrow S. 83
93 [E5] King Tut's Wah Wah Hut S. 83
94 [H6] Maggie Mays S. 83
95 [G6] Mono,12 S. 83
96 [J6] St Luke's S. 83
97 [G6] The 13th Note S. 84
98 [G6] The Clutha S. 84
99 [ck] The Glad Cafe S. 84
100 [F5] Cathouse S. 84
101 [G5] La Cheetah Club S. 84
102 [E4] Nice N Sleazy S. 84
103 [F6] Sub Club S. 84
104 [D4] The Berkeley Suite S. 84
105 [E4] The Garage S. 85
106 [cj] The Rum Shack S. 85
107 [H5] City Halls & Old Fruitmarket S. 85
108 [G4] Glasgow Royal Concert Hall S. 85
109 [F4] Royal Conservatoire of Scotland S. 85
110 [F4] Glee Club S. 85
111 [E4] King's Theatre S. 85
112 [F4] Theatre Royal S. 85
113 [H6] Tron Theatre S. 85
114 [G4] Cineworld S. 85
115 [F4] Glasgow Film Theatre,12 S. 85
116 [B2] The Grosvenor S. 85
117 [C2] Caledonia Books S. 86

Hier nicht aufgeführte Nummern liegen außerhalb der abgebildeten Karten. Ihre Lage kann aber wie die von allen Ortsmarken im Buch mithilfe der Web-App angezeigt werden (s. S. 144).

Glasgow mit PC, Smartphone & Co.

QR-Code auf dem Umschlag scannen oder **www.reise-know-how.de/citytrip/glasgow23** eingeben und die **kostenlose Web-App** aufrufen (Internetverbindung zur Nutzung nötig)!

★**Anzeige der Lage und Satellitenansicht aller** beschriebenen Sehenswürdigkeiten und weiteren Orte
★**Routenführung** vom aktuellen Standort zum gewünschten Ziel
★**Exakter Verlauf** des empfohlenen Stadtspaziergangs
★**Audiotrainer** der wichtigsten Wörter und Redewendungen
★**Updates** nach Redaktionsschluss

GPS-Daten zum Download

Die GPS-Daten aller Ortsmarken und des Spaziergangs können hier geladen werden: www.reise-know-how.de, dann das Buch aufrufen und zur Rubrik „Datenservice" scrollen.

Stadtplan für mobile Geräte

Um den Stadtplan auf Smartphones und Tablets zu nutzen, empfehlen wir die App „Avenza Maps" der Firma Avenza™. Über die Funktion „Store" kann die „Citymap Glasgow 2023" kostenlos geladen werden.

Zeichenerklärung

[L6] Verweis auf Planquadrat im Faltplan
1 Hauptsehenswürdigkeit

- Bar, Treffpunkt
- Bed & Breakfast, Guest Houses
- Bibliothek
- Biergarten, Pub, Kneipe
- Café, Tearoom
- Denkmal
- Fischrestaurant
- Friedhof
- Galerie
- Geschäft, Kaufhaus, Markt
- Hotel
- Imbiss, Bistro
- Informationsstelle
- Jugendherberge
- Kino
- Kirche
- Krankenhaus, Arzt
- Moschee
- Museum
- Musikszene, Club, Disco
- Parkplatz
- Polizei
- Post
- Restaurant
- Sehenswertes
- Sonstiges
- Theater
- Turm
- Vegetarisch, Vegan

- Spaziergang (s. S. 12)
- Shoppingareal
- Gastro- und Nightlife-Areal

- Subway-Stopp
- Bahnhof